VERLAG
ROBERTO & PHILIPPO

Corina Liebertta

Neuseeland
liegt im Herzen

Mein Weg aus dem
BURN-OUT

VERLAG
ROBERTO & PHILIPPO

ISBN: 978-3-942581-17-2

Druck: AZ-Druck, Kempten
Lektorat: Redaktionsbüro Sprachpapst Kai Richter M. A.
Umschlaggestaltung: Ulrike M. Bürger

1. Auflage 2011

Für meine Kinder

Inhalt

Kapitel 1

Harte Landung

Nun hatte es mich erwischt. Mich, die Powerfrau sondergleichen, die erfolgreiche Journalistin, die so viele bewunderten, die mehrfache Mutter, die ihre Kinder seit zehn Jahren allein großzog. Auf meiner Krankenhauseinweisung stand ein Wort, das gleichzeitig meine Heilung sein sollte: Liebe.

Ich liege gut gebettet in der anthroposophischen St. Vincentius-Klinik Bad Liebenzell und schwitze auf meinem Ingwer-Wickel. Depressionen! Burnout-Syndrom. Mein Gott, ausgerechnet ich! Ich war immer stark gewesen. Da kam mir ein blöder Spruch unseres elektronischen Schach-Spiels in den Sinn: Auf seinem Grabstein war zu lesen, er war fürwahr sehr stark gewesen. Stark bis zum Umfallen. Ja, es hatte mich umgehauen. Es waren einfach zu viele Veränderungen auf einmal gewesen. Nun liege ich da, lasse meine Flügel hängen und sehe noch ziemlich tiefschwarz in die Zukunft. Wenn es eine Steigerung von schwarz geben würde, ich würde sie finden.

Ich lasse mich wickeln wie ein Baby, stelle meine Venen bereitwillig zur Verfügung für allerhand Infusionen und schlucke alles, was mir die Schwester in roten, gelben und blauen Hütchen ans Bett bringt. Wenn ich nur wüsste, wie es weitergehen soll. Irgendein Erdbeben hatte mir den Boden unter den Füßen weggerissen. Meine Kinder, Benjamin, Marvin und Jessica, die die letzten 22 Jahren die tragende Säule meines Lebens gewesen waren, zogen plötzlich in die Welt und ließen mich alleine zurück. Mein alter Job hatte sich in Luft aufgelöst, der neue ist bereits da, doch ich weigere mich noch, ihn zu akzeptieren. Stattdessen fühle ich mich schachmatt gesetzt. Kann keinen vernünftigen Zug mehr machen, mir keine Strategie mehr zurechtlegen, bin auf den Ist-Zustand zurückgeworfen - und der heißt: Ich kann nicht mehr.

Schwester Louisa injiziert mir Johanniskraut. Das soll meine Kräfte wieder wecken. Ich glaube noch nicht daran. Stattdessen blicke ich wie das Kaninchen vor der Schlange auf meine Zimmernachbarin Frau Kahl, die fast doppelt so alt ist wie ich, keine Haare mehr hat wegen der Chemotherapie und glücklich ist, wenn sie an einem trockenen Zwieback mümmeln darf. Frau Schrade, die unser Dreibettzimmer komplett macht, quält sich seit Jahren mit Durchfällen wegen ihres entzündeten Darms. Bin ich etwa auch schwer krank? Habe ich Krebs, Diabetes oder eine ernsthafte Herzkrankheit? Ich sondiere meinen Körper seit Wochen nach Indizien, recherchiere im Internet nach den Symptomen und bilde mir ein, unheilbar krank zu sein. Mittlerweile dämmert mir allerdings die Erkenntnis, dass das Quatsch ist. Während ich an die Decke blicke, meine Weltuntergangsstimmung im Einzelnen erforsche und die Diagnose »Depression mit Angststörung« zumindest als etwas Greifbares erscheint, dem ich couragiert begegnen kann, habe ich lichte Momente, in denen sich der Verdacht verdichtet, dass die Realität nicht halb so düster ist, wie ich glaube.

Also lasse ich mich weiter hätscheln. Schwester Louisa kündigt mir für heute Abend eine Lavendel-Fußeinreibung an. Das hört sich gut an. Zumal Schwester Louisa etwas hat, das mir imponiert: diese innere Ruhe und Gelassenheit, die mir irgendwie abhanden gekommen ist. Stattdessen war ich eine wandelnde Arbeitsmaschine, immer effizient und zielgerichtet, eine Work-Station, die andere nur anzuzapfen brauchten, um sich die gewünschten Resultate zu holen. Für die Kinder lieferte ich Sicherheit, Geld, ein gemütliches Zuhause und ein schmackhaftes Essen auf dem Tisch, für meinen Arbeitgeber - vielmehr meine Arbeitgeber - produzierte ich Storys am Fließband. Es genügte ein simpler Anruf oder eine E-Mail, und ich begann sofort, mich in Bewegung zu setzten - und sei es nur gedanklich, um aus dem Nichts einen fertigen Artikel zu produzieren. Ich war eine Produktionsmaschine, vielarmig, Multitasking-fähig und allseits bereit. Auf mich war Verlass, ich funktionierte immer, servierte sauber recherchierte Reportagen, sämiges Kartoffelpüree und super Tipps in allen Lebenslagen. Ich war ein Ideenfundus, ein Organisationstycoon und der absolute Boss in meinem kleinen freiberuflichen, alleinerziehenden Leben. Und jetzt habe ich auf einmal nicht mal mehr die Kontrolle über meinen eigenen Körper. Sogar Sabine, meine Freundin, die für jedes Seelenwehwehchen stets einen weisen Rat parat hat, war am Ende ihres Lateins, oder vielleicht auch ihres Helfersyndroms, gewesen. Es wäre schlicht gelogen, wenn ich nun behaupten würde, mein Totalausfall ließe mich völlig kalt.

Die Zeit der Selbstlügen ist offenbar vorbei. Ich habe nun Farbe zu bekennen, zu erkennen, dass ich zu lange zu viel über meine Grenzen geschuftet habe, dass ich eine empfindsame Seele habe, auf der ich nicht ständig herum trampeln darf und dass es ein Leben gibt jenseits von Plackerei und Selbstkasteiung.

Doch wie soll das aussehen?

Von meinen Partnern, Markus und Stefan, hatte ich mich getrennt, weil sie mich emotional ausbeuteten. Inzwischen erledigte ich das jedoch gekonnt selbst, sogar mit Bravour. Schwester Louisa schält mich wieder aus den Ingwer-Pampers, die sie um meine Nieren geschlungen hatte. Langsam und bedächtig. Wäre ich Schwester Louisa, ich würde das Ding wohl mit einem Ruck abreisen, dabei fiebrig an den nächsten Patienten, dem eine Darmspiegelung bevorsteht, denken und mich mit kurzem Gruß verabschieden. Doch ich bin nicht Schwester Louisa, sondern Corina, die als Journalistin arbeitet, Mutter ist und sich selbst verloren hat. Die gutaussehende Gesundheitspflegerin mit dem Pferdeschwanz und den kecken blonden Strähnen im Haar streicht mir mit Olivenöl über den Rücken, beseitigt damit die Ingwerkrümel und lässt mir mit dieser einfachen und fürsorglichen Handlung mehr Liebe zukommen, als ich mir in den ganzen letzten Wochen zugestanden habe.

Ich habe mich eigentlich ständig selbst vergewaltigt. Arbeit, Arbeit, Arbeit. Immer für andere da. Und wenn nicht, waren es wieder andere, die ich um Rat fragte, weil ich mir selbst nicht mehr zutraute, zu wissen, was mir gut tat. Selbsternannte Propheten, Kartenleger, Hellseher, Schamanen und Scharlatane: Ich dachte immer, die wissen mehr als ich.

Damit solle jetzt Schluss sein. Ich habe auch eine Schwester Louisa in mir, erkenne ich in diesem Moment. Auch ich kann mich verwöhnen, mir Gutes tun und mich liebevoll umsorgen. Ich musste erst in der Notaufnahme landen, um zu erfahren, dass Liebe und Fürsorge für mich selbst wirken wie der Ingwer: Sie regen die Selbstheilungskräfte an.

Nebenan liegt Frau Schrade mit einer Colitis ulcerosa. Seit 25 Jahren leidet sie an Durchfällen, ist längst arbeitsunfähig. Doch auch sie ist guter Dinge, schlürft gerade einen Kaffee und träumt von dem Frankfurter Kranz, den sie am Wochenende für ihr Patenkind backen will, das konfirmiert werden sollt. Mein Gott, Corina, das Leben geht weiter, spricht eine Stimme in mir. Schau dir diese Frau an, sie ist weitaus schlimmer dran als du, hat aber ihre Lebensfreude längst nicht verloren. Ich schäme mich.

Ich habe kein Recht, so unglücklich zu sein, denke ich. Mir geht es doch gut. Ich habe zwei wohlgeratene Söhne, eine ebensolche Tochter, einen tollen Job, ein Haus und ein wenig Erspartes. Ich könnte doch singen wie Pippi Langstrumpf: Ich habe ein Haus, ein kunterbuntes Haus ... ich mach mir die Welt, widdewidde wie sie mir gefällt. Verdammt, warum eigentlich nicht?

Jetzt, mit 44 Jahren, besteht da nicht die Chance, das Leben so umzukrempeln, dass es wieder Freude macht? Oder muss man sich etwa ein ganzes Dasein lang den Zwängen unterordnen, die uns die Gesellschaft auferlegt? Kann man sich daraus nicht befreien, um ein selbstbestimmtes und sinnerfülltes Leben zu gestalten?

All dies geht mir durch den Kopf, während ich Schwester Louisa meinen Handrücken reiche, an dem sie meinen Puls misst. Er liegt bei 86, ein bisschen Lebenswillen scheint sich noch in mir zu regen. Hat sich nur versteckt. Der Blutdruck ist auch nicht berauschend: 100 zu 70. Nun ja, mein Antrieb ist derzeit auch unter aller Kanone.

»Habe ich einen Burnout?«, krächze ich. Meine Stimme klingt wie ein Reibeisen. Schwester Louisa, verständnisvoll und geduldig, verweist mich auf meine Ressourcen: »Sie müssen erst wieder neues Holz auflegen, wenn Sie ausgebrannt sind.«

Ein schönes Bild, finde ich. Wo ich diese neuen Scheite auftreiben soll, weiß ich noch nicht, doch beim nächsten Ingwer-Wickel werde ich mal darüber sinnieren.

Am Rande des Schwarzwaldes sieht die Welt nicht mehr ganz so wahnsinnig aus. Mein hektisches Heidelberg liegt hundert Kilometer weit entfernt, meine vier Redaktionen, für die ich arbeite, ebenfalls. Das tut gut. Und es drängt sich mir die Frage auf, ob ich das alles überhaupt noch möchte. Ich stapfe durch den Wald zur Burg Liebenzell. Die Sonne wirft ein sanftes Licht auf die Wälder und die Stadt im Tal. Ich bin an einer Weggabelung angelangt, so viel ist klar. Viele Möglichkeiten haben sich in meinem Leben aufgetan, nun sollte ich mich für jene entscheiden, die mir Zufriedenheit bescheren. Ob ich rechts oder links weitergehe, ist in diesem Wald egal. Ich will ohnehin nur vorwärts, einfach laufen.

Ja, und vielleicht ist diese Metapher auch gar nicht so verkehrt. Im Grunde ist es egal, ob ich dies oder jenes mache, ich will einfach nur vorwärts kommen mit meinem Leben. Manche Wege führen aber in eine Sackgasse. Mein bisheriger Weg hat mich zumindest an einen Endpunkt gebracht. Todesängste, Endzeitstimmung und totale Niedergeschlagenheit waren die Folge. So kann es also nicht weitergehen, mein Leben. Umkehr oder Richtungswechsel?

Die Burg tut sich vor mir auf, an die alten Mauern lehnen sich modernere Gebäude. Ich blicke in die Tiefe, ins Tal.

Umkehr würde bedeuten, ich gehe zurück nach Hause. Wo aber ist das? Bei mir. In meinem Herzen. Ich bin gut zu mir. Ich treffe Entscheidungen, die meinem Herzen entspringen und nicht allein den Verstand befriedigen.

Meine Amygdala hat in letzter Zeit arg gelitten. Sie musste mir Ängste jedweder Couleur bescheren, damit ich endlich aufwache. »Halt, Mädchen« rief sie mir durch die Panikattacken zu, du bist auf dem falschen Dampfer. Als ich das erste Mal von der Angst kalt erwischt wurde, dachte ich noch an einen simplen Schwächeanfall und habe das Zittern, den Druck im Herzen und die Schwäche nicht ganz ernst genommen. Ich saß gerade in einer Gemeinderatsitzung, nach einem anstrengenden Arbeitstag in der Redaktion wohlgemerkt. Layout und Umbruch waren fertig für den Druck, den Aufmacher hatte ich auch geschrieben, da wartete noch die kommunalpolitische Tagesordnung auf mich. Unterwegs schoss ich bereits die Bilder zum Thema Ortskernsanierung, auch dies also war schon im Kasten. Gegessen hatte ich zwei Brötchen, über den ganzen Tag verteilt, mehr nicht. Aber ich hielt das nicht für sehr bedeutend, irgendwas würde ich am Abend zu Hause schon zwischen die Finger kriegen. Die Bürgervertreter nahmen Platz, das Ortsoberhaupt thronte am Kopf des Sitzungstisches. Viel Unruhe war noch im Raum, bis sich alle geordnet hatten. Ich saß auf meinem Stuhl und gleichzeitig auf heißen Kohlen. Ich war unruhig, seltsam unruhig. Mein Geist wanderte ständig hin und her, mein Nacken war hart wie ein Brett, ich hatte plötzlich das Gefühl, keine Luft mehr zu bekommen. Fluchtartig verließ ich den Raum, rannte nach unten zum Auto, krümmte mich, weil sich mein Herz zusammenzog, und schaffte es wieder nach oben, riss die Tür zum Sitzungsraum auf und bat um Hilfe. Panik hatte mich erfasst. Und heute muss ich sagen: Ich danke der Panik, dass sie sich mir endlich gezeigt hat. Denn ohne sie hätte ich nicht gemerkt, wie weit ich mich von meinem Kern entfernt hatte, wie sehr ich die Liebe, die Leichtigkeit und Freude verlassen hatte, wie wenig noch von mir, Corina, übrig war. Die Panik zwang mich, hinzusehen, meinen Zustand genau zu betrachten.

Dies schaffte ich jedoch erst später. Zunächst dachte ich, es würde genauso weitergehen wie bisher, nur mit etwas angezogener Handbremse. Ich stellte mich der

Situation nicht wirklich. Das tat ich erst, als sich auch noch die Depression meldete.

Ich kehre der Burg den Rücken und mache mich wieder an den Aufstieg.

Nun war ich 22 Jahre lang ein Fulltime-Muttertier, und jetzt, wo die Kinder flügge werden, zieht es mir den Boden unter den Füßen weg.

»Ihnen schwimmen gerade die Felle davon«, erwidert Dr. Weindel bei der Visite mit verständnisvollem Blick. Hilft mir aber auch nicht viel.

Was ich brauche, ist wieder Normalität, schön strukturierte Routine und ein geregelter Arbeitstag. Stattdessen sitze ich im Krankenhaus, starre Löcher in die Decke und male mir aus, welche Krankheiten ich haben könnte. Das ist doch nicht normal.

»Doch, das ist ganz normal«, meint Dr. Weindel, immer noch verständnisvoll. »Dass Ihre Kinder aus dem Haus gehen und sie darunter leiden, ist ein ganz natürlicher Prozess.«

Benjamin ist vor vier Monaten ausgezogen, er hat sich ganz in der Nähe unseres kleinen Häuschens eine eigene Wohnung genommen. Er ist gerade dabei, in seinem Beruf als Mechatroniker seinen Meister zu machen und braucht seinen Freiraum, seine Ruhe. Sehr verständlich. Ich bin ja so verständnisvoll. Dabei könnte ich innerlich schreien.

Nein, brüllen.

Und Marvin will sich ausgerechnet in Neuseeland von mir abnabeln. Weiter weg ging wohl nicht.

Der Junge muss anscheinend ans andere Ende der Welt reisen, um meinem Gluckeninstinkt zu entkommen. Wenn ich mir vorstelle, dass mein kleiner Sohn, in Windeln gewickelt ...

Mensch, Corina, jetzt hör aber mal auf. Der Kerl ist zwanzig Jahre alt und geht längst auf den Topf. Den Nuckel hat er gegen die Bierflasche eingetauscht und spielt mit Mädels statt mit Murmeln.

»Wissen Sie eigentlich, in welch eine friedliche Welt er kommt?«, fragt mich Dr. Weindel aufmerksam.

Ich bin im Zwiespalt, weiß einerseits, dass Neuseeland ein wunderschönes Land ist. Andererseits ist es richtig schmerzhaft, mein Kind loszulassen.

Dabei würde mich Neuseeland selbst reizen. Delphine soll es dort geben. Und Marvin hat nun die Gelegenheit, sie hautnah zu erleben.

Ich wünsche ihm dort alles Gute. Wenn ich mich doch nur richtig darüber freuen könnte. Irgendwie glücklicher damit wäre.

Stattdessen sitze ich auf dem Krankenbett und heule mich beim Oberarzt aus. Das tut gut. Ich bin sicher, morgen wird es mir besser gehen - wenn ich noch eine Nacht über die Erkenntnis geschlafen habe, dass ich derzeit krank bin. Ich hüte meine Depression. Sie hat mich an den Tiefpunkt meiner Seele gebracht, sie ist die Trauerarbeit, die ich mir so lange verwehrt habe.

Sie schmerzt gerade am ganzen Körper. Sie ist wie eine tiefblaue Farbe, die Gott in meinen Gliedern ausgegossen hat. Dunkel und geheimnisvoll. Wohin will sie mich wohl führen? Was will sie von mir? Wohin soll ich schauen? Nach innen? Nach außen? Es ist, als könnte ich nur Schmerz fühlen. Dickflüssige Tinte, die ich nicht wegkriege. Wo ist der Tintenkiller?

Die Zeit verrinnt, die Welt dreht sich weiter und ich bin nicht in ihr. Die Menschen gehen zur Arbeit, machen Sport und richten sich Abendbrot, und ich?

Ich habe eine Pause eingelegt, erkenne nun, dass ich hier bin, wo ich bin, im Krankenhaus in Bad Liebenzell, weil's mir einfach schlecht geht. Richtig schlecht.

Doch ich weiß, da ist ein Funke Hoffnung, der glimmt schon lange vor sich hin. Ich werde ihn mal ein wenig anpusten, damit daraus ein großes Feuer wird, das sich in Lebensfreude wandelt. Morgen sieht die Welt schon wieder rosiger aus. Und das Blau hellt sich auf.

Schwester Louisa kommt ins Zimmer und macht mir einen Schafgarbenwickel. Der soll die Leber unterstützen. Und wieder liege ich im eigenen Saft und schwitze meine Depression aus.

Neuseeland soll ja das Tor zu neuen Welt sein, lese ich in dem Bildband, den mir Dr. Weindel mitgebracht hat. Atemberaubende Bilder von gigantischen Felsen, weißen Stränden und grünen Oasen blättere ich auf. Ist dies das Land, das ich nun betrete, während sich Marvin auf seinen 24-stündigen Flug vorbereitet? Die Reise ist beschwerlich, doch das Ankommen verspricht ungeahnte Welten. Die Schafgarbe durchdringt meine Haut und kitzelt die Lebenskräfte hervor. Sie haben sich hinter der Leber versteckt. Doch ich will auf dieser Reise nicht die Kräfte verlieren. Ich will das Land sehen, das mich erwartet, auch wenn mich jetzt Trauer, Schmerz und Ängste durchzucken.

Es muss Engel geben und ich bitte sie, mich jetzt aus diesem tiefen Loch, in das ich gefallen bin, zu befreien.

Bitte hebt mich empor, in die Leichtigkeit des Seins, in die Freude über das schiere Dasein.

Ich habe den Boden unter den Füßen verloren, bin abgehoben, weil ich Erfolg hatte und immer weiteren Erfolg herbeisehnte. Ich habe mich in der Scheinwelt verloren, in der schönen Illusion, wo der Rummel groß ist, Clowns mit Pappnasen Faxen machen.

Ich wünsche mir Kraft, Zuversicht und den Glauben an mich selbst.

Ich sehe ja ein, dass ich mein Leben ändern muss. Jahrelang habe ich, mit Kamera und Block im Anschlag, dokumentiert, was andere Menschen tun und lassen. Ich kenne die Bürgermeister im Umkreis von hundert Kilometern meiner Heimatstadt mit Namen, Anschrift und bevorzugter Krawattenfarbe. Jeden von den kommunalen Superbossen habe ich zu Hause auf meinem Aldi-Rechner archiviert. Und alle blecken die Zähne bis zum Anschlag, weil ich ja die Presse bin. Hach, was bin ich aber auch wichtig.

Wenn mir aber die Strumpfhose kneift, mein Rasenmäher Öl spuckt oder der Stapel Holz vor meinem Haus bedenklich wackelt, ist keiner da von den hohen Tieren der Provinzprominenz. Sie präsentieren sich mir mit geschwellter Brust und gestopfter Brieftasche, tanzen nach meiner Pfeife, so lange ich die Nikon auf sie gerichtet habe.

Dass meine erste Panikattacke ausgerechnet vor einem Bürgermeister hatte stattfinden müssen, wundert mich nun im Nachhinein nicht. Politiker blenden, zeigen oft eine verlogene Performance für die Öffentlichkeit. Doch unsere Welt tickt so. Dorf- und Staatschefs grinsen in Kameras, geben häppchenweise Statements ab, die den Leuten munden und die ihre Beliebtheit steigern sollen. Vielleicht habe ich meinen Freunden einmal zu viel von meiner Bürgermeisterallergie erzählt. Am Ende hat das sogar mein Unterbewusstsein geglaubt. So war meine bühnenreife Fast-Ohnmacht vor versammeltem Gremium in Wahrheit eine Schockreaktion meines Körpers, der einfach keinen vor Wichtigkeit strotzenden Bürgermeister mehr ertragen konnte. Ich kann's ihm nicht übelnehmen. Immerhin tänzle ich seit Jahren einsam als Frau geschickt durch eine Männerdomäne. Irgendwann machen da die Synapsen schlapp. In den Redaktionen: alles Männer. In den kommunalpolitischen Gremien: alles Männer. Naja, nahezu jedenfalls. Ich bin als attraktive, blonde, langhaarige Frau mit Konfektionsgröße 38 und gut funktionierendem Hormonhaushalt dort ein gern gesehener, schillernder Farbtupfer im graumelierten Grundton des Bürgermeistersprengels und passe in das Beuteschema so manches Landtagskandidaten. Gekriegt hat mich keiner. Ich träume von einem Mann, dem dieser öffentliche Klimbim völlig schnuppe ist.

Nach einer desaströsen Scheidung von meinem alkoholabhängigen Mann, Markus, und einer feurigen Affäre mit einem verheirateten Pfarrer, Stefan, bin ich jedoch, was zwischenmenschliche und gegengeschlechtliche Beziehungen betrifft, etwas empfindlich geworden. Um nicht zu sagen: eine komplette Analphabetin. Ich weiß einfach nicht mehr, wie man einen Typen anmacht, ohne sofort zu signalisieren: Nimm mich, ich bin bedürftig! Ohne gleich die Peitsche zu schwingen und den potentiellen Lebensabschnittsgefährten in seine kontrollierten Schranken zu zwingen. Nein, dieses Kapitel in meinem Leben ist auch schief gegangen.

Nun liege ich also in meinem höhenverstellbaren Bett mit dem Galgen über dem Haupt, während Kochsalzlösung mit Stibium durch meine Adern rinnt. Das soll mich runter bringen. Ja, wovon den runter?

Habe ich mich etwa in dieser schönen Scheinwelt, in der Druckerschwärze eine irreale Realität schafft und das Rascheln von Zeitungspapier mit Intelligenz gleichgesetzt wird, verloren? Fast scheint es mir so. Ich bin weit oben herumgetanzt, dort, wo Lokalkolorit den Alltag der Menschen in bunten Farben ausmalt. Ich wurde eine von ihnen. Eine dieser namhaften Persönlichkeiten des öffentlichen Lebens, die zu wissen scheinen, was gut und was schlecht ist, die mit ihrer öffentlich kundgetanen Bewertung die Meinung der Leser steuern. Ich bin mit dieser Rolle verschmolzen und musste erst auf meinem mit Stretch-Jeans bewehrten Hinterteil landen, um wieder ich selbst zu werden. Seufzend blicke ich auf die Infusionslösung und möchte - trotz aller Qual - die sanfte Kühle, die sich in meinen Adern ausbreitet, nicht mit einer hitzigen Debatte im kommunalen Ortschaftrat tauschen.

Schwester Louisa kommt leise ins Zimmer und fragt mich, ob ich bereit bin für die Fußmassage. Bin ich. Keine schnallenbesetzten Stiefel drücken auf meine Zehen. Wie oft bin ich von Termin zu Termin gehetzt und habe meine Füße trotz strammen Schrittes nicht mehr gespürt? War stattdessen mit dem Geist bereits bei der übernächsten Veranstaltung, über die ich gefälligst aktuell und auf den Punkt genau zu berichten hatte. Nie war ich wirklich irgendwo präsent. Meine Gesprächspartner degradierte ich zu Informationslieferanten, die sich meinem zeitlichen Diktum zu unterwerfen hatten. Ich machte mir exakt so lange Notizen, bis ich das Material für achtzig Druckzeilen beisammen hatte. Dann stoppte ich mein Gegenüber recht unsanft und verabschiedete mich mit einem aufgesetzten Lächeln und großzügigem Händedruck. Ich war kein Deut besser als meine vermaledeiten Bürgermeister.

Ausgerechnet das Interieur der Inneren Medizin – das EKG, die Infusionsständer und die Beatmungsmaske – brachte mich wieder zur Räson. Hier wurden die Fehler eines falschen Lebensstils notdürftig ausgebügelt. Corina, die rasende Reporterin mit dem untrüglichen Gespür für eine gute Story und dem sicheren Blick für ein Aufmacherfoto, lag nun flach, außer Gefecht gesetzt. Ausgerechnet durch eine Krankheit, die keiner bei dieser strahlenden, selbstbewussten Powerfrau je vermutet hätte. Am allerwenigsten ich.

Die Tage tröpfeln wie die Natrium-Chlorid-Lösung vor sich hin, ohne dass sich Nennenswertes ereignet. Ich arbeite nicht und bin trotzdem fertig. Ich fotografiere nicht und sehe in meinen Träumen die besten Szenen. Ich schreibe nicht und mein Geist wiederholt gerade meine komplette Lebensgeschichte. Vielleicht sollte ich sie mal aufschreiben. Vielleicht sollte ich zur Abwechslung mal über mich selbst berichten. Damit mich die vielen Menschen, die mich kennen, wirklich kennenlernen.

Meine Zimmergenossin wird heute verlegt, sie schneiden ihr ein Stück Darm raus. Sie trägt's mit Fassung und weint nur, weil ihr Sohn dies wohl nicht verkraften wird. Wenn ich in mein Brot beiße, kriegt sie Heulkrämpfe. Was mich irgendwie bestürzt, weil ich es so achtlos tue. Ergriffen kaue ich ganz langsam und nehme den Geschmack des Ziegenkäses ganz in mich auf. Frau Kahl dreht sich stattdessen wieder Zigaretten. Ihre Tagesration rollt sie jeden Morgen, während der Krebs in ihren Eingeweiden weiterwuchert. Auch das bestürzt mich.

Wie wenig der Mensch doch braucht, um glücklich zu sein. Frau Kahl würde ihre golddurchwirkte Tunika geben für ein Käsebrot, ich würde meinen Job hinschmeißen, um wieder gesund zu sein. Ausgerechnet meinen Job, der mir in den letzten drei Jahren zu einem echten Partner geworden war. In ihm fand ich Halt. Nicht nur das: auch Liebe und Wertschätzung erntete ich durch meine Arbeit. Tolle Artikel geschrieben, mein Name groß und mehrmals auf der ersten Lokalseite - ich war im Gespräch. Die Leute konnten mich nicht vergessen, sie lasen ja jeden Tag von mir. Das gab mir Energie, nährte mich mit Aufmerksamkeit, nach der es mich so dürstete. Nun bin ich ausgebrannt. Das Feuer loderte zu lange in mir. Ich kochte auf zu heißer Flamme, weil mein Hunger nach Beachtung so groß war.

Frau Kahl wäre wohl froh, sie hätte meine Probleme. Sie schlurft zum Waschbecken und teilt mir mit theatralischer Geste mit, dass sie die Toilette für die nächsten drei Stunden zu belegen gedenkt. Sie muss abführen. Mein Käsebrot schmeckt plötzlich fahl.

Im Klinikpark treffe ich anschließend Simon. Zu diesem Zeitpunkt weiß ich noch nicht, dass es Simon ist. Doch diese erste Begegnung mit ihm hinterlässt einen bleibenden Eindruck. Er sieht nicht besonders gut aus, ist hager, groß und eher unscheinbar. Seine blonden, lockigen Haare würden einer Frau gut stehen, seine große Adlernase eher weniger. Irgendwie erinnert er mich an Friedrich Schiller. Seltsam. Unsere Blicke treffen sich, und irgendwie sehen wir uns nicht nur mal eben zufällig – wir erkennen uns. Ich fühle, dass mich mit diesem Mann etwas verbindet. Er passt eigentlich überhaupt nicht in meine Kategorie Traummann: Ihm fehlt das Erhabene, Machtvolle, Unnahbare, Geheimnisvolle, das mich bisher an einem Mann faszinierte. Trotzdem spüre ich seine Blicke förmlich in meinem Rücken. Ich drehe mich um und grüße ihn kurz, bleibe stehen und lasse ihn an mir vorbeigehen. Irgendetwas an ihm zieht mich magisch an, vielleicht ist es nur der Blick, mit dem er mich festhält.

Ich gehe weiter, stapfe mit in den Jackentaschen vergrabenen Händen in den angrenzenden Wald hinein. Bad Liebenzell liegt wahrlich sehr lieblich unter sanften Hügeln im Schwarzwald. Der Oktober zeigt sich gerade von seiner besten Seite und trotzt der Jahreszeit sonnige Tage ab. Ich könnte eigentlich glücklich sein. Die Luft ist fein, die Bäume lassen ihre Blätter in goldenen, ockerfarbenen und erdig roten Tönen leuchten. Schade, dass ich meine Kamera nicht dabeihabe. Der intensiv blaue Himmel und die herbstliche getönte Farbenpracht würden eine Bilderbuchlandschaft auf Zelluloid abgeben – ohne Photoshop und Nachbearbeitung.

Ich vermisse meine Nikon, die mir die schönsten Momente verewigt und mir ein klein wenig das Gefühl gibt, dass in diesem Leben nicht alles vergeht, dass wir ein Quäntchen Glück konservieren, aufbewahren und in ein Album einkleben können. Ohne meine Nikon fürchte ich, die Zeit ginge verloren ohne geronnene Erinnerung.

Schwer sind meine Schritte, schlurfen über das Laub. Ich frage mich, wie denn alles wohl wird, wie ich wieder Freude empfinden soll. Die Zukunft erscheint mir düster, die Vergangenheit auch. Was bliebe, wäre dieser Moment, doch diese Erkenntnis fällt mir nicht ein. Ich grüble, wie ich mein Leben wohl gestalten soll, was ich ändern kann, um endlich wieder zu funktionieren. Der goldene Oktober dringt nicht zu mir durch, in mir herrscht tristes Novemberdunkelgrau. Eine dicke Wolke hat sich über mein Gemüt gesenkt und weicht nicht. Sie durchdringt all meine Zellen und wandelt meine Stimmung zu einer dickflüssigen Suppe. Zweifel nagen an mir, ich brüte über Sorgen, und meine seelische Not ist groß. Es scheint keinen Ausweg zu geben. Wohin ich mich auch wende, ich erkenne nicht, dass ich es bin, die zu einer einzigen Träne reduziert ist. Nicht die Welt ist schlecht, mein Denken ist es. Doch das begreife ich erst später.

Pfleger Thorsten schneidet die Hecke, als ich zurück komme. Er hat einen gesplitteten Job, wie er mir berichtet. Halb Pfleger, halb Gärtner. Was ja irgendwie beides mit Pflege zu tun hat. Er scheint seine Arbeit gerne zu tun. Wie er so am Boden kniet und die Stauden stutzt, hat etwas Beschauliches. Er geht ganz auf in seinem Tun. Sein Pferdeschwanz wackelt gelegentlich, seine mühelose Anstrengung hat etwas Anmutiges. Solche Dinge erkenne ich nun weit abseits vom Tagesgeschäft der hektischen Redaktion, wo nur Sensationen, spektakuläre Neuigkeiten und Nachrichten mit großem Unterhaltungswert gelten. Ein einfacher Mann, der halb Gärtner und halb Pfleger ist, hätte dort ohne eine besondere Leistung keine Chance auf nur eine einzige Druckzeile. Und dennoch findet sein Tun statt, ohne dass die Welt davon erfährt. Und ich sitze hier, auf der Terrasse des Krankenhauses, und hänge philosophischen Gedanken nach. Der Gärtner reißt durch sein Abknipsen der verblühten Zweige ein Loch in meine Wolke aus Trauer. Es sind die einfachen Dinge, die so tröstlich sind.

Die Chefarztvisite sollte mich wohl aufmuntern. »Sie schaffen das«, zwinkert mir Dr. Weindel zu. Wenn ich das doch nur glauben könnte. Seine Assistentin macht eifrig Notizen, während ich schon wieder in Tränen ausbreche. Es ist, als würde ein nie versiegender Strom Tränen zu Tal stürzen. Ich werde davon überflutet. Die Geschichte, mit der ich mir meine Verfassung erkläre, macht es auch nicht besser. Sie liefert Dr. Weindel aber den Stoff, den er für seine Diagnose braucht: Erschöpfungsdepression - alleinerziehende Mutter von drei Kindern bricht mit Burnout-Syndrom zusammen.

Aber auch Schwester Louisa, die mir tröstend die Hand hält, als Dr. Weindel wieder entschwunden ist, bekräftigt: »Das wird wieder. Sie müssen loslassen.« Wenn ich nur wüsste, wie das geht. Stattdessen rinnt abermals Stibium durch meine Blutgefäße, das mir beim Abschied helfen soll. Es ist irgendwie wie Sterben. Da hat man sich jahrelang über sein Muttersein definiert, und plötzlich wird man nicht mehr gebraucht. Erhellend ist das nicht. Ich könnte zur Abwechslung fortfahren, mich über meinen Beruf zu definieren. Ich, die toughe Journalistin. Doch auch das funktioniert nicht mehr. So liege ich da, grüble darüber nach, wer oder was ich eigentlich bin, schmecke Knäckebrotreste zwischen den Zähnen und blicke auf die Infusionsflasche, die über meinem Bett baumelt. Meine Tage waren auch schon mal abwechslungsreicher. Was habe ich nicht alles erlebt in meinem Job! Die interessantesten Menschen kennengelernt, mit Promis gelacht und getanzt, bei Pressereisen in den tollsten Hotels übernachtet und den erlesensten Wein gekostet. Ich bin über einen imaginären roten Teppich geschritten. Die Journaille nämlich wird immer hofiert. Kommt gleich nach den Promis. Kein Hotelier kann es sich leisten, den Multiplikatoren schlechten Wein einzuschenken. Auch die Promis lechzen nach der Aufmerksamkeit, die sie von den Journalisten bekommen. Da kann man leicht einen Höhenrausch bekommen. Doch die Landung ist hart. Immerhin, das Krankenhausbett lässt sich auf vier verschiedene Arten verstellen, mal hoch, mal tief, mal schräg - wie es mir gerade beliebt. Ich denke an das Himmelbett in Kössen, in dem ich vor einem halben Jahr genächtigt habe. Einem Märchenschloss war das Golfhotel gleich, über das ich berichten sollte. Ich residierte in einer Suite mit zwei Flachbildschirmen, einem ausladenden Balkon mit Blick ins Tal, eigener Sauna und samtbezogenem Vorhang über dem Bett.

Der Spa-Bereich erinnerte mit glitzernden Lüstern an eine Geschichte aus Tausendundeiner Nacht. Ich lag nackt im warmen Thermalwasser, während aus Lautsprechern Delphinklänge für mentale Entspannung sorgten. Ich goss mich in ergonomisch geformte Liegen im mit bunten, sternenähnlichen Lämpchen übersäten Meditationsraum und ließ meinen Körper von einem Heilmasseur mit sanften Händen einbalsamieren. Nun bin ich froh, wenn ich es bis zur Nasszelle schaffe, wo ich den Spiegelschrank mit zwei weiteren Kranken teilen muss. Nix Cleopatrabad mit duftenden Essenzen. Wehmütig denke ich an die Zeiten zurück, als ich zwischen zehn verschiedenen Marmeladensorten wählen sollte, zum Aperitif Sekt mit Pfirsichmark gereicht bekam und mich nur dies eine Problem beschäftigte: mich am üppig gedeckten Buffet nicht komplett zu überfressen. Inzwischen freue ich mich schon über Knäckebrot mit Diät-Marmelade.

Vielleicht bin ich deswegen krank geworden: um endlich wieder zu registrieren, wie wenig wir eigentlich wirklich brauchen. Ein mit umsorgender Geste gereichter Ingwerwickel am Vormittag, ein Döschen mit Pulsatilla-Kügelchen, die ich mir unter der Zunge zergehen lassen darf, ein frischer, sauberer Verband um meine Einstichkanüle, ein heißer Kamillentee zum Abendbrot: All dies sind Geschenke, die ich plötzlich wieder zu schätzen weiß. Man wird demütig, wenn man krank ist.

Während Marvin auf sein Visum für Neuseeland wartet, schreite ich durch ein zehn Quadratmeter großes Zimmer. Schwester Cho will mir Heileurythmie beibringen. Ich muss stehen wie ein I, mich nach hinten beugen wie ein A und nach vorne kippen wie ein O. Das R soll rollen, so mache ich mit den Armen Bewegungen wie ein im Sand scharrender Stier. Dann soll ich schreiten in I-Haltung, den Raum durchqueren, wobei jedes Bein seiner eigenen Spur nachgeht. Das klingt am Anfang ganz einfach, die Konzentration jedoch fällt mir furchtbar schwer. Schwester Cho ist Asiatin, die perfekte Körperbeherrschung zeigt. Sie ruht in sich, lässt meine Stolperer nicht durchgehen. Mein Sohn will sich auf einen Weg von mehr als 20.000 Kilometern machen und ich fühle mich schon nach drei Schritten schlapp. Ihm habe ich das Laufen beigebracht, nun mache ich meine ersten Gehversuche als entlassene Mutter. In der Tat habe ich mir das leichter vorgestellt. Nun muss ich im Wechsel schreiten, mal vorwärts, mal rückwärts, und dabei auch noch meine Schritte zählen. Ich denke daran, mit welchem Affenzahn ich für gewöhnlich durch unsere heimischen Wälder jogge. Der Forstrevierleiter kennt bereits die Marke meiner Laufschuhe und kann schon von Weitem am routinierten Traben ausmachen, dass ich es bin. Meine Laufstrecke ist von meinen Fußtritten schon so tief eingefräst, dass sogar die Wildschweine beim Überqueren ins Stolpern geraten. Und jetzt stehe ich hier in diesem Kämmerchen, soll vorwärts schreiten und dabei so auftreten wie beim Rückwärtsschreiten. Schwester Cho grinst und verengt ihre Augen dabei noch mehr zu heimtückischen Schlitzen. Ich tu mir ja so verdammt leid. In welche Lage habe ich mich da bloß hineinmanövriert? Bin nicht ich die

Frau, die von so vielen Männern bewundert und von so vielen Frauen gefürchtet wird? Die Gesellschaftsreporterin im Rampenlicht, von der man hört, liest und über die man spricht? Ein Häuflein Asche krümelt hier gerade auf dem Teppich von Schwester Cho herum, von wegen Superweib. Nun soll ich einen Messingstab wie einen Wasserfall über meinen Kopf schwingen, am Rücken darf ich ihn fallen lassen, aber nur, um ihn sofort wieder aufzufangen. Widerwillig gehorche ich. Denn ich weiß, es geht dabei nicht um den blöden Stock oder um eine gelungene Performance. Es geht verdammt noch mal um mich, und es ist zur Überlebensnotwendigkeit geworden, dass ich mich - und sei es nur durch die Konzentration auf mein vermaledeites Schreiten - wieder selbst finde.

Der Klinikalltag ist klar strukturiert. Das gibt mir wieder Halt. Das Essen wird fertig serviert, ich muss mich um nichts kümmern. Wie ich das genieße. Sogar bis in die letzten Zellen werde ich liebevoll umsorgt. Die Schwestern messen nicht nur meinen Puls und Blutdruck, sie checken auch täglich mein Stimmungsbarometer. Mich beschleicht der Verdacht, dass ich nur krank geworden bin, um endlich mal ordentlich Aufmerksamkeit in der Klinikpackung abzubekommen - ohne auch nur die geringste Leistung vollbracht zu haben. Jede Krankheit will uns ja etwas sagen, lehren die Psychosomatiker. In meinem Fall ist es wohl die Erfahrung, nicht alles unter Kontrolle zu haben. Das hätte ich doch aber so gerne. Ich will Marvin sogar bis nach Neuseeland verfolgen, virtuell zumindest via Skype, um ihn weiterhin im Visier zu haben. Es ist eine Herausforderung für mich, ihn loszulassen. Überhaupt: loslassen? Wie soll das gehen, wenn das Mutterherz am Kinde klebt? Freilassen wäre sicher die bessere Bezeichnung für das, was gefordert ist. Ich kann ja noch nicht mal mein vegetatives Nervensystem kontrollieren, wie will ich da meinem Sohn am anderen Ende der Weltkugel über die Schulter schauen?

»Lass die Sonne in dein Herz« singt es gerade in mir. Ich habe beschlossen, mir selbst gute Laune zuzufächern – auch, wenn das Gehirn noch schwer in seiner Verankerung hängt und die Mundwinkel gen Erdboden drückt. Es muss doch Alternativen geben in dieser von negativen Gedanken durchdrungenen Welt. Unverbesserliche Optimisten machen sich keinen Kopf, wie sie morgen die Brötchen verdienen, ob das dicke Bankkonto vielleicht morgen schon von der nächsten Finanzkrise aufgefressen wird, ob das Immunsystem gegen die Flut an freien Radikalen gewappnet ist, ob die scheidungsgeschädigten Kinder zu eigenverantwortlichen Erwachsenen heranwachsen und ob es morgen auch noch Hühnerbrühe gibt.

Ich beschließe, von nun an jeden Tag dankbar zu sein. Denn dies erscheint mir als die gesündere Form, das Leben anzugehen. Gerade kommt Schwester Louisa ins Zimmer. An ihr werde ich gleich mal ausprobieren, ob ich es schon kann. Sie setzt an zur Pallasit-Fußeinreibung. Mit diesem Stein-Eisen-Meteorit soll ich wieder geerdet und mein Gemütsleiden gelindert werden. Ich lasse es geschehen. Hab schon Schlimmeres erlebt. Schwester Louisa streicht sanft meine Waden hinab, umkreist meine Fesseln und fährt behutsam den

Ballen entlang. Ich sinke in eine wohlige Ergebenheit. Wann wurde ich das letzte Mal so liebevoll umsorgt? Nicht mal ich selbst lasse mir so viel Aufmerksamkeit zukommen, wie Schwester Louisa es gerade für mich tut. Sicher sollte ich das wieder lernen. Ich beschließe, mich fortan mehr zu lieben und zu achten, zu wertschätzen – und überhaupt. Bevor ich selig hinübergleite in einen wohl behüteten Schlaf, durchfährt mich ein Gedanke: Ich wollte Danke sagen. Meine Lippen bewegen sich, das Wort flutscht heraus, es war gar nicht schwer. Und es macht solch einen Frieden, der einfach gut tut.

Ich frage Schwester Louisa, ob sie auch schon mal eine Krise hatte. Sie zögert erst und bekennt sich dann dazu. Auch sie litt an einer Depression. Zwei Jahre ist das jetzt her. Die Partnerschaft stand auf der Kippe, der Job machte keinen Spaß mehr. »Es hat drei Monate gedauert«, sagt Schwester Louisa. »Man kommt da raus, so viel ist sicher. Doch niemand kann sagen, wie lange es dauert.« Okay, inzwischen bin ich soweit, mir einzugestehen, dass ich wirklich so etwas habe: eine Depression mit Angststörung. Mein Gott, wenn's denn sein muss. Ich komme anscheinend nicht darum herum. Habe wohl zu lange die militant Fröhliche gespielt. Bin übers Parkett geschwebt, als wäre ich was Besonderes. Mein Körper hat mich nun eines Besseren belehrt. Ich brauchte wohl diesen Denkzettel.

Wenn ich nur daran denke, wie ich die Männer in der Redaktion in die Tasche stecken wollte. Immerhin, es ist mir nahezu gelungen. Ich habe die gleiche Leistung vollbracht wie die alten Hasen im Geschäft.

Allein meine Reportagen über die Eröffnung der Rhein-Neckar-Arena! Mit gezücktem Weitwinkelobjektiv stand ich in Tornähe, als die TSG 1899 Hoffenheim den Anstoß zum Eröffnungsspiel machte. Ich plauderte mit Vereinspräsidenten, Managern und Profi-Kickern. All dies verdichtete ich zu einer Kollektivausgabe, die sich sehen lassen konnte. Dabei ist Fußball nicht im Mindesten mein Ding. Die Bundesligatabelle weckt in mir so viel Interesse wie eine Darmspiegelung. Aber ich habe mich unter grölende Fans gemischt, meine Kamera über den noch nackten Beton der VIP-Tribüne geschwenkt und mit meinem externen Blitzgerät die Umkleidekabinen des Aufsteigers ausgeleuchtet. Sogar Umfragen habe ich gemacht. Ich wollte wissen, was es mit dem Hype um den mit vielen Millionen gesponserten Verein auf sich hat, was die Leute daran so fasziniert. Sehr umtriebig, fleißig und ehrgeizig bin ich ans Werk gegangen. Das Ergebnis, eine schöne, dicke Beilage mit vielen neuen Anzeigenkunden, war lesenswert und informativ. Hocheffizient also. Und jetzt? Nix effizient. Ich blinzle in Schwester Louisas Richtung. Aufmunternd streichelt sie mir über die Stirn. Immerhin, ich habe wieder an Bodenhaftung gewonnen. Befinde mich auch ziemlich in Bodennähe.

Kapitel 2

Kurzes Glück

Es ist schon seltsam, wie oft ich Simon über den Weg laufe. Auf den Klinikfluren begegnet mir seine hagere Gestalt in schönster Regelmäßigkeit. »Sag mal, bist du ein Stalker?« frage ich ihn dann. Zum Glück versteht er Spaß. Wir plaudern übers Essen, über unsere Krankheiten – das Lieblingsthema jedes Patienten hier. Simon ist Diabetiker, er hat keine Insulin produzierenden Zellen mehr, mit erst dreißig Jahren. Wir machen einen Spaziergang im Klinikpark. Er ist mit 14 von zu Hause ausgezogen und dann auf die schiefe Bahn geraten, hat chemische Drogen genommen und viel geraucht. Jetzt spritzt er keine Stimmungsmacher, sondern Insulin. Er ist Gärtner, will sich jetzt absetzen nach Schweden. Dort wartet seine Verlobte. Er kennt sie zwar erst seit einem Monat, doch ist er entschlossen, alle Zelte hier abzubrechen und sich auf den Weg zu machen. Nicht viel mehr als einen Koffer wird er mitnehmen. Sein spärliches Nebeneinkommen verdient er mit Edelsteinmassagen. Das macht mich sehr neugierig. Die Steine hat er sogar dabei, seinem Zimmerkollegen half er damit schon über die Schmerzen hinweg. Ob mir das auch helfen könnte? Wir verabreden uns für den Mittag. Es ist Sonntag, da haben sogar Heileurythmie, Maltherapie und Ingwerwickel Ruhepause.

Die Begegnung mit Simon spornt mich an. Endlich mal wieder ein männliches Wesen, mit dem ich mich verabredet habe. Ich bin neugierig auf die Edelsteinmassage. Vielleicht ist es das, was mir helfen könnte. Immerhin bin ich Reiki-Meisterin und offen für Energiearbeit. Simon erscheint Punkt 14 Uhr an meiner Zimmertür. Er hat drei Kristallkugeln dabei, sie sind in ein Tuch gewickelt, das er vorsichtig ausrollt. Draußen fällt das Laub zu Boden, der Herbstwind wackelt an meinem Krankenhausfenster. Simon spricht mit sanfter Stimme. Er hat etwas Filigranes, fast Zerbrechliches an sich. Er will mich einweihen. Ja, wie einweihen? Ich bin doch schon eingeweiht, habe alle Reiki-Grade. Nein, er meint Munay-Ki. Das kenne ich nicht. Simon klärt mich auf. Munay-Ki sei ein Zyklus von neun energetischen Initiationsriten. Damit soll ich mit der Schöpferkraft in mir und mit den Kräften einer Linie von Heilern aus alten Zeiten verbunden werden. Das klingt so schlecht nicht. Ich könnte es ja mal versuchen. Vielleicht werde ich dann wieder ganz gesund. Vielleicht vermögen Zauberei und magische Kräfte mehr zu bewirken als Psychopharmaka.

Ich mache es mir in meinem höhenverstellbaren Krankenbett bequem, während Simon seltsame Zeichen in die Luft malt. »Ich übe nur«, murmelt er. Den Ritus der Heilung will er mir verpassen. Ich wundere mich, dass ich diesem wildfremden jungen Mann auf Anhieb vertraue. Aber vielleicht ist es gerade seine Jugendlichkeit, die eine gewisse Unschuld ausstrahlt. Ältere Männer wirken doch meist verwegen und führen mehr im Schilde, als sie zuzugeben bereit sind. Simon aber scheint ein Engel zu sein. Ich, die geborene Kritikerin, hege keinerlei Verdacht und überlasse mich mit Leib und Leben seinen Heilkünsten, so fremd und okkult sie auch scheinen mögen. Nach den Trockenübungen fordert er mich auf, ihm gegenüber Platz zu nehmen. Ich räume die Schnabeltasse von Frau Schrade weg. Das Zimmer ist leer. Alle sind eine Zigarette inhalieren, zum ersten Mal bin ich froh, das Zimmer mit zwei Raucherinnen zu teilen. Simon hebt seine Hände über den Kopf und formt einen Kreis um seinen Oberkörper. Damit soll seine Aura geöffnet werden. Das Gleiche macht er nun bei mir. Mich überkommt ein Schauer. Ergriffen halte ich ganz still. Ich schließe die Augen und spüre den Windhauch seiner Handbewegungen. Auf dem Klinikflur höre ich Schritte. Die Schwestern springen hin und her, fahren ihre Medikamentenwagen von Zimmer zu Zimmer. Aber niemand betritt den Raum, in dem ich gerade eingeweiht werden soll. Eigentlich spüre ich nicht viel mehr als vage Luftzüge. Ich blinzle. Simon hält die Augen geschlossen und fuchtelt mit seinen Händen in meiner Aura herum. Also kein Grund zur Panik. Endlich sagt er Danke. Dem entnehme ich, dass er mit seinem Ritus fertig ist und ich nun eingeweiht bin. Ich öffne die Augen. Es hat sich nichts verändert. Die Schnabeltasse steht immer noch auf dem Tisch, draußen fallen die Blätter und vor der Türe quasseln die Schwestern. Doch mein Hunger nach Magie ist noch nicht gestillt.

Nun empfange ich die Edelsteinmassage. Das ist weitaus angenehmer, da ich dabei im Bett liegen kann. Simon nimmt seine Bergkristallkugeln und rollt damit meinen Körper entlang. Das ist so unangenehm nicht, wenn man bedenkt, dass dieser Mann, der mir vor zwei Tagen noch völlig fremd war, 14 Jahre jünger ist als ich. Ich genieße und lasse geschehen. Ich kann nicht sagen, was mir angenehmer ist, die Kristalle oder Simons Hände. Bedächtig rollt er meinen Körper hinab. Und wieder hinauf. »Okay, Corina, du wolltest einfach nur von einem jüngeren Typen befingert werden, gib's zu«, blafft eine Stimme in mir. Ich blaffe zurück: »Schnauze, das nimmste jetzt mit, wer weiß, ob sich jemals wieder die Gelegenheit ergibt.«

Simon scheint von meinem inneren Dialog nichts zu bemerken und rollt weiter meinen Körper hinauf und hinab. »Wenn jetzt die Schwester rein kommt, fliegen wir hier beide raus«, höhnt wieder der Kritiker in mir. »Halts Maul«, grunze ich böse mit innerer Stimme zurück. Fakt ist: Es kommt niemand herein. Wir sind die kompletten zwei Stunden, die unsere Heilungszeremonie dauert, alleine. Schon das ist ein Wunder. Irgendwie scheint das Ganze gesteuert zu sein. Von Gott gewollt. Na gut, dann kann ich es auch genießen.

Ich erhebe mich glückselig aus meiner Versenkung. Jetzt ist er dran. Denn ich revanchiere mich mit einer Reiki-Behandlung. Jetzt darf ich fummeln. Vorne und hinten. Ich lege meine Hände auf seinen Kopf, seinen Solarplexus, sein Becken und seine Füße. Dort verweile ich lange. Irgendwie scheint dieser Kerl keine Bodenhaftung zu haben. Die Füße saugen und saugen.

Irgendwann gebe ich auf und bitte ihn, sich zu wenden. Wie ein Toast. Jetzt wird er von hinten gegrillt. Er atmet tief und regelmäßig. »Schläft er mir jetzt ein?«, durchfährt es mich. »Und wenn schon, dann weißt du wenigstens, dass du gut warst«, rede ich mir gut zu. Klingt wie Sex. »Ja und?«, blaffe ich mich selbst an. »Andere Menschen klopfen sich die Schultergürtel zu Brei, um den Wunsch nach Nähe und Berührung zu rechtfertigen, wir erledigen das eben mit rollenden Kristallen und kosmischer Energieübertragung.« Und das tue ich weiterhin pflichtgemäß. Jetzt auf seinem Hinterteil. Immerhin gehört auch das zur Ganzkörperbehandlung. Als ich fertig bin, glätte ich noch seine Aura und setze mich wieder auf den Schemel, auf dem gestern noch Dr. Weindel stirnrunzelnd meinen Puls gefühlt hat. Simon erhebt sich zaghaft. Wie in Trance. Er scheint ein wenig benommen zu sein. »Wow, es hat funktioniert«, juble ich innerlich. So sicher war ich mir da nicht. Schließlich habe ich einen gut funktionierenden, im Frontallappen eingebauten Kritiker, der immer dann anspringt, wenn sich zwischen Himmel und Erde etwas abspielt, was ich nicht sehen, riechen, schmecken oder sonst wie beweisen kann. Trotzdem üben all diese Energiearbeits-Praktiken einen Sog auf mich aus, dem ich kaum widerstehen kann. Es ist, als würde eine innere, tiefere Weisheit in mir wissen, dass all dies seinen Sinn, seine Richtigkeit hat. Mein Verstand aber tut weiterhin seine vermeintliche Pflicht: Er kritisiert. »Soll er halt«, maule ich. »Was hast du gesagt?«, fragt Simon. »Ach, nichts«, winke ich ab. »Ich habe nur laut gedacht.«

Unsere Sitzung ist noch nicht zu Ende. Jetzt soll ich als Zugabe noch den Ritus der Harmonie bekommen. Kann ja nicht schaden. Wieder wedelt Simon mit wichtiger Mine und strengem Gestus um mein Energiefeld herum. Ich liege dabei und empfange in der Waagerechten. »Was ist das bloß für ein Krankenhaus, in dem sich die Patienten selbst heilen?«, witzle ich. Langsam wird es lustig. Befinden wir uns etwa tatsächlich in einer Klinik für Innere Medizin? Warum kommt niemand rein und stellt bunte Medikamentenhütchen auf den Tisch? Warum will mich heute niemand in einen Ingwerwickel hüllen? Nicht mal die Putzfrau kommt rein. Wir scheinen hier zwischen Infusionsständern und Blutdruckmessgeräten ungestört und in aller Gemütsruhe magische Rituale ausführen zu dürfen.

In diesen zwei sonntäglichen Stunden scheint meine Depression wie weggeblasen. Wir lachen beide, als wir die Komik der Situation erfassen. Der Signalknopf für die Schwestern baumelt am Kabel über dem Bett. Wenn ich jetzt in Not gerate, mein Blutdruck in die Höhe schnellt oder der Angstschweiß ausbricht, ist sofort das Klinikpersonal zur Stelle. Aber nichts dergleichen scheine ich momentan zu benötigen. Ich kann mich erfreuen an der Zweisamkeit mit diesem fast wildfremden Mann. Ich möchte mehr über ihn erfahren. Nach all den Einweihungsriten und alternativen Heilzeremonien setzen wir uns entspannt an den Tisch. Ich husche schnell auf den Flur und hole uns eine Kanne Kamillentee. Die Frage, ob ich ihm etwas anbieten darf, erübrigt sich. Immerhin haben wir hier freien Zugriff auf Zwieback und Knäckebrot.

»Wie schaffst du das, einfach so mir nichts, dir nichts alle Zelte hinter dir abzureißen und das Land zu verlassen? Wieso bist du dir so sicher, dass das klappt?«, frage ich ihn.

»Ich bin mir überhaupt nicht sicher«, entgegnet Simon. »Aber ich mach's einfach. Es kann auch total schiefgehen. Schließlich kenne ich die Frau, die in Schweden auf mich wartet, erst seit einem Monat.«

Ich versuche, mich in seine Situation hineinzuversetzen. Schon immer habe ich mich mit derartig einschneidenden Lebensveränderungen schwergetan. Ob es die Entbindungen der Kinder waren, die Trennung von meinem Mann oder von meinem Freund, der Start in meinen Beruf als Journalistin oder der Umzug in das neue Haus, das ich mit Markus, meinem Exmann, gebaut habe: Ich konnte nie so recht loslassen, meine Seele - oder wie auch immer man das nennen mag, was da außer dem effizient arbeitenden Verstand in uns wirkt - benötigte stets eine längere Phase des Ablösens. Und nun sollte ich gleich meine beiden Söhne auf einmal loslassen. Es überkommt mich plötzlich der Verdacht, dass ich mich nur in Selbstmitleid baden wollte. In der Tat: Ich hatte mein Leben, gelinde ausgedrückt, gerade gegen die Wand gefahren. Die Pferde, auf die ich in den letzten Jahren gesetzt hatte, waren meine Kinder und der Job gewesen. Ich hatte mich zum Workaholic entwickelt. »Und wenn schon«, tönt eine Stimme in mir, »das ist wenigstens eine gesellschaftlich hoch angesehene Sucht.«

Ich hatte mich kopfüber in die Arbeit gestürzt, um die Leere nicht fühlen zu müssen, die sich um die tragenden Säulen meines Lebens ausgebreitet hatte. Wer war ich denn ohne die Kinder, ohne meinen Job mit Sonderstatus? Jetzt liege ich hier, fern meiner Heimatstadt Heidelberg, die mir so vertraut ist, und fern meiner zu Persönlichkeiten gereiften Kinder, in einem Krankenhausbett mit Waldblick, und weiß im Grunde nichts mehr mit mir anzufangen. Das war doch nicht schon immer so gewesen. Ich steckte doch einst voller Neugier aufs Leben, voller Witz und Esprit, und auch voller Träume. Schon immer zog mich doch der Duft von Büchern magisch an. Während meine Freundinnen beim Stadtbummel an Klamottenläden hängen blieben, übten die Bibliotheken und Buchhandlungen einen Sog auf mich aus. Selbst mein Arbeitszimmer in meinem hübschen, kleinen Häuschen quillt über mit schönem Eingebundenem: Werke, von denen ich noch nicht mal die Hälfte gelesen habe. Bücher wollen zu mir, sie fallen mir einfach in die Arme. Doch was habe ich aus meiner einstigen Passion gemacht?

Nichts. Sie vergilbt ungenutzt im Regal. Ich blicke auf Simon. Er scheint so flink mit dem Leben umgehen zu können, scheint an nichts zu haften. In mir keimt der Verdacht, dass mir genau diese Qualität auch sehr gut täte.

»Ich habe mir vor einem halben Jahr meine Wohnung in Oberbayern neu eingerichtet und dabei viel Geld ausgegeben. Jetzt verkaufe ich alles wieder und reise mit nicht viel mehr als ein paar Unterhosen und meinen Kristallkugeln nach Schweden. Dort wollen wir, meine Freundin und ich, uns ein Ökohaus kaufen und eine spirituelle Massagepraxis eröffnen.«

Und das nach nur einem Monat! Wenn ich in dieser Lage wäre, würde ich mir erst mal einen Sicherungsschein für den neuen Lebensabschnitt besorgen, wenn es so etwas denn gäbe. Ich würde zu einem Architekten gehen und ihn bitten, meine Zukunft maßstabsgetreu in verschiedenen Perspektiven aufzuzeichnen, die Statik zu prüfen – also die Haltbarkeit der neuen Beziehung, der Geschäftsidee sowie der räumlichen Gegebenheiten –, um mir dann eine fertig konzeptionierte Ansicht zu präsentieren, die alle Entscheidungen pro oder contra erleichtert. Das Fundament muss doch stimmen, die Dachkonstruktion soll jedem Wetter standhalten und die Stockwerke haben für alle Lebenslagen die passenden Räumlichkeiten zu bieten.

Ich bin groß im Planen. Weil mir aber kein Architekt einen solchen Auftrag ausführen mag, renne ich regelmäßig zu Wellness-Spirituellen. Eine Kristallkugel, der Blick in die Karten oder meinetwegen eine astrologische Auswertung müsste doch eine fein abgezirkelte Perspektive bieten, bitteschön. Man muss doch wissen, was auf einen zukommt und dafür gewappnet sein. Ein Zitat von John Lennon kommt mir in den Sinn: »Leben ist das, was passiert, während du eifrig dabei bist, andere Pläne zu machen.« Hatte ich das etwa geplant, hier in Bad Liebenzell eine mittelschwere, klinische Depression auszukurieren? Mitnichten. Dennoch ist es passiert. »Wer macht hier die Pläne?«, frage ich mich. Ich scheine es wohl nicht zu sein.

»Was hast du früher gemacht?«, frage ich Simon.

Seine Antwort überrascht mich fast nicht mehr: »Ich bin als Stelzenläufer in Fun-Parks durch die

Lande gezogen. Ich war schon in Brasilien, Peru und Südamerika.«

Stelzenläufer! Ich denke an das Tarot-Kartendeck meiner Freundin. Der Narr hat große Ähnlichkeit mit Simon. Er ist eine Figur, die Unbekümmertheit, Frohsinn und Leichtigkeit verkörpert. Die jedoch auch auf eine Gefahr aufmerksam macht, denn der Narr steht kurz vor einem gefährlichen Abgrund, den er wegen seines steten Blickes nach oben nicht bemerkt.

»Du bist ein Narr in positivem Sinne«, sage ich zu Simon.

Er ist kein bisschen erschrocken über meinen Vergleich.

»Ja, da hast du recht«, nickt er. Und dann tut er etwas, was bislang noch kein Mann für mich getan hat. Er trägt mir ein Gedicht vor. Ich sitze ergriffen auf meinem Krankenhausstuhl und lausche, wie dieser Oberbayer, der übrigens englische Wurzeln hat, wie er mir beim Frühstuck am Morgen mitgeteilt hat, ein Gedicht über das reine Sein rezitiert. Ich kann es mir nicht merken, es ist sehr lang. Also doch Schiller! Vielleicht seine Reinkarnation. Ich falle in den Augenblick und erfahre, dass es dieses Jetzt ist, in dem Heilung stattfindet. Gerade in dieser einen Sekunde bin ich heil, ganz. Ich leiste nichts, wünsche mir nichts, kämpfe nicht, gräme mich nicht über die Vergangenheit und entwerfe nicht meine Zukunft auf dem Reißbrett. Stattdessen blicke ich in zwei rehbraune Augen, in die ein paar blonde Locken fallen und höre Verse wie: »Nichts wollen, kein Schein, einfach sein.«

Keine weitere Zeile bleibt in meinem Gedächtnis haften. Ich trage nichts wirklich Verwertbares aus diesem

Zitat davon außer der Erkenntnis, dass nur der Augenblick zählt. Ich kann das Gedicht nicht mal in meinem Laptop speichern, kann nicht googeln, wer es erfunden hat, kann es nicht auswendig lernen, auf dass es wenigstens in meiner Hirnrinde verankert bleibt. Kein Ergebnis, das ich vorzeigen und mit dem ich mich irgendwie ausweisen könnte. Doch der Moment bleibt. Der Moment, der sich immer wandelt.

Je länger ich Simon als meinen Spiegel betrachte, desto mehr wünsche ich mir die Fähigkeit, mich so lustvoll dem Leben hinzugeben wie er. Wo war ich denn schon in meinen letzten 44 Jahren? Im Bayerischen Wald, am Ossiacher See und an der Nordsee, weil die Kinder Neurodermitis hatten. Und auf Pressereisen. Bin ich jemals aus schierer Freude am Dasein in die Welt hinaus gereist? Jetzt bewundere ich Marvin, der als Backpacker auf die andere Seite des Globus jettet. Auch er hat nicht viel Platz für Gepäck, er muss mobil bleiben, wenn er das Land kennenlernen will. All seine Habe trägt er auf dem Rücken. Alle paar Tage wird er wohl seine Socken waschen. Mein Sohn traut sich etwas zu, wozu mir gänzlich der Mut fehlen würde. In meinem Leben ist jetzt Halbzeit. Und Fragen tauchen auf: Was will ich denn eigentlich mal wirklich gerne machen – ohne die materiellen und gesellschaftlichen Zwänge im Hintergrund? Werde ich etwa mit 88 Jahren wieder im Krankenbett liegen und mich abermals grämen, dass ich es versäumt habe, für mein Glück zu sorgen? Dann ist es sicherlich zu spät. Jetzt aber habe ich noch die Zeit und die Kraft dafür. Wenn mich das Leben bislang Familie, Heim und

Haus, Job und Karriere für mich vorgesehen hatte, ist jetzt endlich Zeit für eine Bilanz und für die Erinnerung daran, was mir darüber hinaus noch wichtig ist. Midlife-Crisis ist ein Wort, das ich bisher immer, ohne ihm viel Beachtung zu schenken, überlesen habe. Wie schnell auch das sich ändert.

Ich will, dass diese Depression endlich vorbei geht. So wie ich immer will, dass die Dinge schnell gehen. Geduld gehört nicht gerade zu meinen Stärken. Doch irgendetwas zwingt mich in die Knie, mahnt mich, genau hinzuschauen, endlich mal nicht hastig weiter zu eilen, zum nächsten Projekt, zum nächsten Termin. Ich muss anhalten. Die Krankheit zeigt mir ein riesengroßes Stoppschild, dem ich nicht mehr ausweichen kann. Denn ich habe mir bereits die Nase blutig geschlagen daran. »Okay, ich nehme die Wahl an«, murmle ich in mich hinein. Es bleibt mir wohl nichts anderes übrig. Da taucht wieder ein Ratschlag aus spirituellen Ratgeberschmökern auf: »Annehmen, was eh schon da ist, und bejahend fühlen.« Hmm, ich soll also meine bleierne Schwere, diese elende Gemütsverfassung, diese zähflüssige Trauer bejahen?

»Corina, das Zeug ist schon lange deins, also nimm's an«, schwatzt wieder meine kluge Stimme im Innern. Vermutlich hat sie recht. Ich bin nicht nur die stählerne Lady, die nichts umhauen kann, die von frühmorgens bis spätabends Leitartikel schreibt, humorige Glossen für die Lokalspitze verfasst und in deren Filofax sich weit mehr Visitenkarten von Firmenbossen, lokalpolitischer Prominenz und namhaften Kunstschaffenden befinden als Telefonnummern von echten Freuden.

»Hat's dir gefallen?«, fragt mich Simon.

Ich habe gar nicht gemerkt, wie sehr ich wieder in Gedanken versunken bin. Der letzte Vers seines Gedichtes ist längst verklungen. Der Moment hat mich mitgenommen, Erkenntnisse sind aufgestiegen aus den Untiefen meines Bewusstseins.

»Ja«, stammle ich. »Ja, es war wunderbar.«

Es wird langsam dunkel, die Sonne steht schon in sehr geneigtem Winkel am Himmel, die Blätter bewegen sich glitzernd im Wind.

»Ich glaube, es ist Zeit fürs Abendessen«, meint Simon.

Noch immer hat sich niemand angeschickt, mein Zimmer zu betreten. Wir blieben die ganze Zeit ungestört.

»Es war mir eine Freude«, sagt Simon. Das hört sich fürchterlich hölzern an. Er scheint etwas verlegen zu sein. Da nehme ich ihn, einem spontanen Impuls folgend, in den Arm.

Ja, das hätte ich viel öfter wagen sollen. Einfach jemanden in den Arm nehmen. Wie gut das tut. Solch eine einfache, von Herzen kommende Geste kann so befreiend sein. Fräulein Unnahbar hat es fertig gebracht, über ihren Schatten zu springen und ihrem Herzen zu folgen. Auch, wenn es nur für einen kurzen Augenblick war.

Nach unserer spirituellen Sitzung gehen wir zum Abendessen. Es gibt wie immer Brot und nochmals Brot. Ich lasse meinen Blick über das Buffet streifen. Ein Hotel ist das zwar nicht hier, dennoch ist in dieser anthroposophischen Klinik eindeutig mehr

Herzenswärme zu spüren als in anderen Krankenhäusern. Ärzte und Klinikpersonal sitzen zusammen in einem Raum. Es geht leise zu. Als würde jedes laute Geräusch und jede hektische Bewegung den Heilungsprozess stören. Und irgendwie ist das ja auch so. Die Gangart ist langsamer, dennoch geht jeder konsequent seiner Arbeit nach. Jedoch ohne den Druck und die oft panische Betriebsamkeit, die in unserer Gesellschaft vorherrschend sind. Die Ärzte haben einen extra Tisch. Sie unterhalten sich, leise. Ich schleiche fast zum Tisch, an dem Simon bereits Platz genommen hat. Wir reden kaum beim Essen, löffeln schweigsam unsere Suppen. Ein Patient aus Afghanistan sitzt ebenfalls bei uns. Er hat sich vier Brote auf den Teller geschaufelt. Ich staune.

»Magst du die dritte Einweihung auch noch haben?«, fragt mich Simon, nachdem er sich als Vorspeise Insulin in den Oberschenkel injiziert hat.

»Welche soll das denn sein?«, erwidere ich.

»Es ist der Ritus des Schutzes«, kaut er hervor.

Da mir die beiden Heilzeremonien bislang gut getan haben, überlege ich nicht lange. Zudem: Es kann eigentlich nur besser werden. Plötzlich muss ich an den Selbstmord des Nationaltorhüters Robert Enke denken. Er war gewiss ein Mann von hohem Status, ohne finanzielle Sorgen, aber mit viel Renommee. Doch er wählte als Ausweg aus der Depression die Bahngleise. Nein! Ich will einen anderen Weg wählen - auch, wenn meine Verzweiflung in manchen Stunden schon sehr groß war. Ich war nicht recht bei mir, verzweifelt und hatte den sicheren Kontakt zu mir selbst verloren. Wie lehren es aber die Advaita-Meister aus Indien? Es ist das Einssein, das zum wahren Selbst führt. Immer wieder dringen Fetzen meines spirituellen Erfahrungsweges in mein Bewusstsein wie Konfetti. Meine Gedanken kreisen um Probleme, oder vielmehr Pseudo-Probleme. Denn hätte ich jetzt ein anderes Programm am Laufen, ein »Sei glückselig in drei Schritten«-Programm, dann wäre ich sicher der Überzeugung, keine Probleme zu haben.

»Ja, gerne!«, kaue ich in Richtung Simon.

Nachdem ich mein Geschirr auf den Edelstahl-Teewagen gestellt habe, gehe ich wieder in mein Zimmer. Wir wollen uns in einer Stunde wieder treffen. Bleibt also genügend Zeit, noch ein wenig spazieren zu gehen. Ich stapfe durch das Herbstlaub. Wieder hänge ich meinen Gedanken nach. Was wohl Jessica gerade macht? Meine Jüngste ist jetzt 16 Jahre alt. Mein Gott, bin ich wirklich schon so alt? Ich möchte sie heute Abend unbedingt noch anrufen. Sie wird mich sicher sehr vermissen. Ich weiß, wie sehr ich ihr fehle. Auch wenn sie im Moment nicht gerade im pflegeleichten Alter ist, lässt sie mich wissen, wie sehr sie mich liebt. Ich darf ihr das nicht antun, krank zu bleiben. Schon alleine für sie will ich gesund werden. Für meine geliebte kleine Göre. Nun schäme ich mich plötzlich. Denn ich muss an den Tag vor meiner Einweisung in die Klinik denken. Ich war bei Sabine, meiner Freundin, weil ich mir nicht mehr zu helfen wusste. Die seelischen Schmerzen waren eine körperliche Pein. Ich konnte nachts nicht mehr schlafen, drehte mich in Gedanken ständig im Kreis. Mein Körper zuckte, rebellierte. Er schied alles, was ich ihm zuführte, sofort wieder aus, konnte nichts mehr verarbeiten. Ich litt Qualen. Bei Sabine lag ich auf der Couch und bäumte mich auf. Ich hatte Heulkrämpfe, die nicht enden wollten. Meine Hände waren schon ganz taub. Ich schluchzte, wie ich schon ewig lange nicht mehr geweint hatte. Nur warum, wusste ich nicht. Ich erklärte das, was mit mir geschah, damit, dass ein großes Loslassen bevorstand. Von Marvin. Ja, wahrscheinlich war das der Grund. Das erschien mir am plausibelsten. Tränen, lange unterdrückte Tränen quollen hervor. Es schien mich zu zerreißen. Sabine hatte ihre Mühe, mich zu bändigen. Sie reagierte auf meinen Heulanfall jedoch genau richtig: »Ich werde dir nicht verbieten, zu weinen«, sagte sie mitfühlend. Sie ermunterte mich sogar dazu. Und in der Tat war es eine Befreiung, meinen Tränen endlich freien Lauf zu lassen. Auch, wenn es mich völlig erschöpfte.

Ob es nun am Serotonin-Mangel lag, am Empty-Nest-Syndrom, an den sich anbahnenden Wechseljahren, an fehlenden Werten neben einem gut gepolsterten Bankkonto und einem überquellenden Terminkalender - ich weiß es nicht. Vielleicht war es auch der Synergieeffekt aller Faktoren zusammen, der mich derart in die psychischen Abgründe befördert hatte, wo Ängste lauern, böse Vorahnungen ihr Spiel treiben und triste Gedanken das Gemüt beherrschen. Klar ist jedoch: Weinen befreit. Es scheint die Wunden zu heilen. Mit dem Fluss der Tränen wird das Geröll an verschütteter Trauer, vergrabener Wut und eingedicktem Schmerz gelockert und schließlich weggespült. Zu lange hatte ich es mir verboten, heftige Gefühle zu zeigen. Ich war die Lady mit dem Pokerface, die in einer Männerdomäne einen hohen, aber einsamen Status genoss. Wohin eigentlich hatte sich meine Weiblichkeit verabschiedet? War sie nach dem letzten Beziehungsdesaster auf der Strecke geblieben? Hatte ich sie im Keller meiner Seele verschüttet, wo ich sie nun wieder neu entdecken musste? Musste ich deshalb so tief sinken, um im Untergeschoss meines Bewusstseins die Verletzlichkeit, Empfindsamkeit und die Warmherzigkeit meines Wesens zutage zu fördern? Wie ein Archäologe grub ich im Sumpf meiner Trübsal. Das Meiste, was ich fand, roch nach altem Moder, verstaubten Ansichten und längst verblichenen Konzepten. Hin und wieder jedoch fand ich einen Splitter von den Kostbarkeiten, die mein wahres Selbst ausmachen – das eben, was ich wirklich bin. Die Maske, die ich zur Schau trug, ist zerborsten. Unter den Trümmern liegt das, was ich Authentizität nenne möchte. Wahrhaftigkeit. Es muss wohl erst etwas kaputt gehen, damit etwas Besseres, Neues entstehen kann.

Ich schluchzte immer noch. Sabine tröstete mich, wie man ein kleines Kind beruhigt. Ich war erschüttert über meine Gedanken, die mit dem Suizid spielten. Sie tauchten mir nichts, dir nichts auf. Als würde ich einen Sog dafür bilden. Woher kamen sie? Löste ich sie aus? Würde ich mich das nächste Mal, wenn ich mit der S-Bahn zur Arbeit fuhr, einem plötzlichen Impuls folgend auf die Gleise stürzen? Mein Herz raste!

Jetzt plötzlich, da ich über den weichen Waldboden gehe, an zu Hause und an Jessica denke, wird mir klar, dass ich nicht allen Gedanken, die auftauchen, Glauben schenken muss. Wenn ich vielmehr nachempfinde kann, welche Gedanken sich für mich gut anfühlen und welche zerstörerisch wirken, kann ich doch eine Entscheidung treffen, aussortieren. Die Guten ins Töpfchen, die Schlechten ins Kröpfchen. Gedanken an Selbstmord entspringen eindeutig nicht der Liebe zu mir selbst und scheiden damit a priori aus. Ich kann wohl nicht ganz verhindern, dass sie auftauchen, sie sind wie dunkle Wolken am Himmel, die vorüberziehen. Aber ich muss mich nicht dranhängen. Ich kann sie beobachten und weitergleiten lassen. Denn dahinter tauchen schon wieder neue Wolken auf. Vielleicht hellere, bessere, wohltuende. Wie zum Beispiel der Gedanke an Jessica, an die Liebe zu meinen Kindern. Zwar ist das auch nur ein Gedanke, jedoch einer, der mir gut tut, bei dem sich ein angenehmes Gefühl ausbreitet. Ich fühle schlicht, dass dieser Gedanke wahr ist. Die natürliche Selektion könnte auch auf dieser Ebene stattfinden: Wir überleben, wenn wir den liebevollen Gedanken Glauben schenken und die anderen verabschieden. Vielleicht tauchen sie um die nächste Ecke wieder auf, doch dann weiß ich bereits, dass ich sie schon kennengelernt und für nicht glaubwürdig befunden habe. Und kann mich getrost von ihnen trennen.

Während ich der dunklen Nacht ein paar helle Geistesblitze abtrotze, höre ich auf einmal die Töne einer Flöte. Sie dringen aus dem Wald. Ich schaue mich um, sehe aber niemanden. Instinktiv muss ich an Simon denken. Es würde zu ihm passen, wenn er es wäre, der nachts durch die Natur streift und Lieder komponiert. Und tatsächlich: Da kommt er aus der Weggabelung. Ich kann ihn nur schemenhaft erkennen, doch seine Silhouette zeichnet sich allzu deutlich ab: hager, groß und filigran. Er läuft flötend auf mich zu. Träume ich oder wache ich? Nun hat er mich auch erkannt. Er unterbricht sein Spiel und lacht.

Ich lache auch.

»Es ist schon irgendwie eigenartig, dass wir uns andauernd über den Weg laufen«, bemerke ich.

Er nickt nur. Wenn ich bislang nicht an schicksalshafte Fügungen geglaubt habe, so tue ich es spätestens jetzt.

»Soll ich dir etwas zeigen?«, fragt mich Simon.

Ich zucke mit den Schultern. »Ich hatte gerade nichts Besseres vor.«

Wir steigen durch das Unterholz. Es ist glitschig. Ich habe Mühe, auf meinen glatten Turnschuhen nicht auszurutschen. Ich habe keine Ahnung, wohin Simon mich führen will, aber ich vertraue ihm.

»Kannst du mir mal deine Hand geben?«, entfährt es mir. »Sonst liege ich hier gleich auf der Nase.«

Etwas schimpft in mir: »Corina, du bist nur 14 Jahre älter, du wirst doch wohl noch alleine über einen Baumstumpf klettern können.«

Aber Simon reicht mir bereitwillig seine Hand. Damit geht es irgendwie besser.

Endlich scheinen wir da zu sein. Nur Umrisse sind zu erkennen. Aber das reicht. Wir stehen vor einem Felsen, der sehr schief in der Böschung hängt. Scheint hier im Schwarzwald nichts Besonderes zu sein. Er dürfte an die drei Meter hoch sein. Simon macht Anstalten, hinauf zu klettern. Ich bleibe unschlüssig zurück.

»Was ist, wenn das Ding wackelt?«

»Das tut es nicht, ich war schon etliche Male oben.«

Nicht ganz überzeugt nähere ich mich dem Steinhaufen. Simon steht schon oben.

Ich klettere hinten den Hang hinauf und hieve mich auf den Felsen. Ich staune.

Es ist ein eigenartiges Gefühl, dort oben zu stehen. Irgendwie kraftvoll. Der Blick reicht bis hinunter ins Tal, wo die Lichter von Bad Liebenzell funkeln.

»Und was machst du für gewöhnlich, wenn du auf diesem Felsen stehst?«, frage ich Simon.

»Ich komponiere eine Melodie.«

»Dann tu das doch.«

»Ich trau mich nicht, wenn du dabei bist.«

»Ich hör auch weg«, scherze ich.

Er dreht sich um, richtet seinen Blick ins Tal und spielt.

Ich lehne mich an einen Baum und wünsche mir, bald wieder gesund zu sein.

Die Situation ist derart mystisch, dass mein Wunsch einfach in Erfüllung gehen muss. Ich stehe hier auf einem Felsen im dämmrigen Schwarzwald, während mir ein Mann, den ich vor wenigen Tagen als Mitpatient kennengelernt habe, auf seiner Blockflöte eine soeben in diesem Moment komponierte Melodie vorspielt. Ich habe dergleichen noch nie erlebt, wenngleich es auch etwas völlig Banales ist. Felsen, Flöte, Frau, Mann.

Jedoch: Es ist der Felsen der Erlösung.

Simon ist fertig und dreht sich wieder zu mir.

»Ich fühle mich hier so fest verwurzelt, wie sonst nie. Hier finde ich die Bodenhaftung, die mir sonst fehlt.«

Die Lichter des fernen Liebenzell leuchten zu uns herauf. Sie sind die einzige Lichtquelle. Wir schauen uns tief in die Augen. Ich weiß, wir denken beide das Gleiche: Jetzt wäre ein Kuss angebracht. Doch ich will mich nicht aufdrängen – und Simon traut sich nicht.

So klettern wir beide wieder hinab und machen uns auf den Rückweg. Immerhin sind wir für heute Abend noch verabredet.

Frau Schrade und Frau Kahl sitzen am Tisch und fachsimpeln über ihre Krankheiten. Die Konsistenz des Stuhls ist dabei beherrschendes Thema. Ich bin froh, dass ich schon gegessen habe und gerade eine psychisch erhellende Phase habe. So kann ich den beiden Damen im Nachthemd zulächeln. Ich blicke auf meinen Stundenplan. Für morgen ist Heileurythmie und Kunsttherapie angesagt. Heute Abend soll ich noch eine Pallasit-Fußeinreibung bekommen, bevor die Schwestern wieder den Servierwagen durch die Flure schieben und die Medikamente für die Nacht austeilen. Die Zeit müsste noch ausreichen für einen dritten Heilungsritus. Ich verabschiede mich mit einem kurzen Gruß von den beiden schwatzenden Damen und gehe hinaus in den Gang. Dort kommt mir schon Simon entgegen. Er ist pünktlich, das muss man ihm lassen. Wir beschließen, den Kunsttherapieraum für unsere geheime Sitzung zu nutzen.

Es ist noch dunkel dort unten. Die Farbtiegel stehen auf den Tischen, es riecht nach feuchtem Papier. Wir setzen uns an einen Tisch, an der Wand hängen die blauen Schürzen, zwischen uns stehen Pinsel, mit Wasser gefüllte Einmachgläser und andere Sachen wie ein Apfel, eine Quitte und ein Tannenzapfen.

»So, dann wollen wir mal die Selbstheilungskräfte anregen«, flachst Simon.

»Ich dachte, die sind längst geweckt. Falls es dir entgangen ist, wir befinden und hier in einem Krankenhaus«, scherze ich zurück.

»Für die Heilung aber sind wir selbst verantwortlich. Die Medizin kann uns unterstützen bei der Genesung, letztlich sind es aber wir ganz alleine, die über Krankheit oder Gesundheit entscheiden.«

Diese Vorstellung ist etwas sperrig, doch habe ich schon mehrfach von spektakulären Selbstheilungsprozessen gelesen - es bislang aber doch unter der Rubrik »Unwahrscheinliches« im Stammhirn abgelegt.

»Wo soll ich mich hinlegen?«, frage ich unternehmungslustig.

»Gar nirgends, der Ritus wird im Stehen ausgeführt.«

Schade, ich dachte, ich dürfte nun abermals meine neuronalen Vorgänge getrost in Simons Hände geben. Im Stehen erscheint mir das etwas unprofessionell. Aber egal, ich füge mich dem Diktus dieses Mannes, dessen Nachnamen ist nicht kenne.

Ich soll die Augen schließen. Ein Lufthauch streift meine Schläfe. Simon macht sich an mir zu schaffen. Ich spüre, wie seine Hände meinen Körper vom Nabel zur Lendenwirbelsäule umstreichen. Dann wandern sie nach oben in Brusthöhe und formen dort die gleiche Geometrie. Ich spüre seinen Atem. Plötzlich fühle ich eine Schwere. Schweiß tritt auf meine Stirn. Ich wechsle das Standbein, räuspere mich, werde unruhig. Ich habe das beunruhigende Gefühl, das, was hier geschieht, kaum mehr auszuhalten. Eine starke Energie scheint sich meiner zu bemächtigen. Sie durchdringt meine Poren und treibt alle Schlackenstoffe nach außen.

»Ich kann nicht mehr«, stöhne ich.

»Es ist gleich vorbei«, besänftigt mich Simon.

Ich kann nicht mehr stehen, habe das Gefühl, gleich umzukippen. Was geschieht hier bloß? Die Zeichen, mit denen Simon meinen Körper umkreist, nehme ich kaum mehr wahr, zu sehr habe ich damit zu kämpfen, nicht in mich zusammen zu sacken. Endlich murmelt Simon ein Dankeschön. Ich sinke auf den nächstbesten Stuhl, starre ihn fragend an.

»Was hast du mit mir gemacht?«, stammle ich.

»Das ist ein sehr starker Ritus. Mir sind dabei auch schon Leute ohnmächtig geworden.«

»Hättest du mir das nicht vorher sagen können?«

»Der Schutz wird dir gut tun, aber er wirft dich zunächst auf dich selbst zurück. Das ist nicht immer so leicht auszuhalten. Denn er nimmt dir alle Projektionen.«

»Ich wusste gar nicht, dass ich mich derart schwer aushalten kann«, hauche ich. Ich blicke verstohlen auf die leere Staffelei, die vor mir steht.

»Der Ritus löst deine Angst auf und lässt dich erkennen, dass du dir deine Wirklichkeit selbst erschaffst. Er bewirkt, dass du deine Geschichte über dich loslassen kannst.«

»Das ist aber ein bisschen viel auf einmal, findest du nicht?«, protestiere ich.

»Das schon«, gesteht Simon. »Aber haben wir etwa viel Zeit? Morgen schon werde ich entlassen.«

Ich erschrecke. Gerne hätte ich noch ein paar Tage im Licht dieser zarten neuen Bindung verbracht. Aber wieder heißt es für mich: loslassen. Es ist, als ob ich für die Bundesjugendspiele trainierte. Irgendwann muss man den Absprung schaffen und in der Sandgrube landen. Wenn man vorher geübt hat, ist man für die Situation, wenn die Lehrer das Metermaß beim Weitsprung ansetzen, gewappnet und hat schon Routine.

»Dann bist du gar kein Patient mehr, sondern mein Heiler«, versuche ich meine aufkommende Trauer zu überspielen.

»Die Wahrscheinlichkeit, dass ich irgendwann an den Spätfolgen meiner Diabetes leiden werde, liegt bei 99 Prozent, hat mir heute der Chefarzt gesagt.«

Plötzlich schäme ich mich. Simon ist eindeutig der Kränkere von uns beiden, dabei aber um Klassen optimistischer als ich. Wenn ich könnte, würde ich auch gerne optimistisch sein. Doch ich kann diese Blockade einfach nicht durchbrechen. Ich bin mir dessen zwar bewusst, dass ich allen Grund habe, die Mundwinkel wieder in Richtung Sonne zu bewegen, doch dem Sog nach unten kann ich gerade keinen echten Widerstand entgegensetzen. Ich bin erschöpft von meinen eigenen Wünschen, ausgebrannt wie die Scheune, über die ich gestern noch aktuell auf der ersten Lokalseite berichtet habe und die jetzt in Schutt und Asche liegt. Lange hat sie gelodert.

»Und dann sorgt der Ritus des Schutzes noch dafür, dass die Bänder der Kraft erneuert werden«, erklärt Simon.

»Davon merke ich gerade nicht viel«, jammere ich.

»Das wirst du aber noch. Die Energie entwickelt sich. Wir haben jetzt nur den Samen gelegt. Es kann auch sein, dass die Krankheit erst mal schlimmer wird. Das ist aber ein gutes Zeichen, weil du sie dann annimmst und so gehen lassen kannst.«

Schwach versuche ich zu protestieren: »Noch schlimmer? Bloß nicht.«

Worauf habe ich mich da bloß eingelassen? Ich sollte die Finger von solcherlei Hokuspokus lassen und mich nur auf solide und erprobte Heilmethoden wie Psychoanalyse oder meinetwegen Antidepressiva verlassen. Stattdessen lasse ich mich auf Experimente mit irgendwelchen Initiationsriten der Q´eros, der Inka-Nachfahren ein - und das auch noch im beschaulichen Bad Liebenzell. Ich sollte solch kryptisch anmutende Energiearbeit einfach ignorieren. Das Spiel mit den Kräften könnte sonst gefährlich werden. Aber jetzt ist es zu spät. Ich habe das Einweihungsritual aus Südamerika bereits vollzogen. Daran kann die hübsche Pastellkreide, die da so akkurat geordnet in Pappschachteln liegt, auch nichts mehr ändern. Ja, eine solche innere Ordnung wünsche ich mir auch, wo alles an seinem Platz liegt. In mir aber herrscht Chaos. Die Parameter in der Gleichung meines Lebens stimmten nicht mehr, einige wurden einfach weggekürzt und hinterließen eine Lücke. Andere wurden verschoben, so dass es hinten und vorne schwankte. Das Mobile war längst nicht mehr im Gleichgewicht. Und ich liege niedergestreckt auf zwei Holzschemeln in einem von feuchter Luft angereichertem Kunsttherapieraum. Ich rappelte mich trotzdem auf.

»Gratuliere, du bist jetzt eingeweiht. Die anderen sechs Riten kannst du ja irgendwann nachholen«, meint Simon.

Ich winke erschrocken ab. Bloß nicht noch mehr. Fürs Erste reicht es mir. Simon umarmt mich. Irgendetwas aber ist zwischen uns. Ich weiche zurück.

»Ach so«, entfährt es ihm. »Ich habe das Gerät ganz vergessen.«

Er hebt sein T-Shirt hoch. Sein Oberkörper ist komplett verkabelt, an einem Kunststoffband um den Hals hängt ein kleiner Recorder.

»Ich habe noch das Langzeit-EKG angestöpselt. Morgen soll es ausgewertet werden.«

Das ist schon eine bizarre Situation. Da treffen sich eine Depressive und ein Diabetiker, um es den alten Inka-Heilern nachzutun, die sich wahrscheinlich irgendwo auf einem Berg in den ecuadorianischen Anden schlapplachen, während wir hier in einer wohltemperierten Klinik für Innere Medizin der Krankenkasse auf der Tasche liegen.

Ich ziehe den Bauch ein, um die EKG-Kurve nicht zu manipulieren und setze an zur Umarmung. Diesmal scheint es zu klappen. Es knautscht zwar am Solarplexus, aber das irritiert mich jetzt nicht mehr. Vielmehr stört mich jetzt, dass Simon sich nicht mit einer auf reiner Freundschaftlichkeit basierenden Geste zufrieden gibt, sondern als weiteren Berührungspunkt nun meine Lippen auserwählt hat. Auch dieses Ritual lasse ich über mich ergehen.

Ich schleiche in mein Zimmer. Frau Schrade und Frau Kahl wispern, offenbar reden sie über mich. Na, wenn schon. Völlig erschöpft lasse ich mich ins Bett sinken. Dass Schwester Louisa ins Zimmer kommt und meine Beine mit Pallasit einreibt, registriere ich wie durch einen dicken Schleier. Ich sinke in einen Halbschlaf. Bilder tauchen auf. Ich sehe einen mit Kopfschal bekleideten Q'ero-Heiler, der am Kopfende eines Tischs mit weiteren Inkas sitzt. Sie beraten über irgendetwas und sprechen angeregt miteinander. Sie scheinen etwas vor zu haben.

Simon spritzt sich Insulin ins Bein. Ich schaufele mir Marmelade auf den Teller. Beim Frühstück sitzen wir zusammen wie ein altes Paar. Ich erzähle ihm vom Inka-Heiler, der mir am Abend zuvor begegnet ist.

»Das wundert mich nicht«, meint Simon. »Der Ritus des Heilens stellt den Kontakt zu den Ahnen her, und die Schamanen unterstützen dich bei deiner Genesung. Dass du sie gesehen hast, ist nur eine Bestätigung und ein Zeichen für dich, dass du dieser Energie vertrauen kannst.«

»Okay, okay. Ich danke dir übrigens für die Einweihung.«

»Keine Ursache.«

»Wann gehst du eigentlich?«

»Wenn sie mich von diesem Langzeit-EKG befreit haben. Ich habe zu Hause noch einiges zu erledigen. Muss meine Wohnung komplett auflösen. In München habe ich mir für ein paar Tage ein Zimmer gemietet. Dort werde ich noch zwei Seminare besuchen, um die Hot-Stone-Massage und die Klangschalentherapie zu lernen, damit ich in Schweden auch ein paar Zertifikate in der Hand habe. Erreichbar bin ich aber wahrscheinlich nicht mehr.«

»Vermutlich sehen wir uns nicht wieder«, sage ich und lege ganz bewusst wenig Gefühl in meine Stimme. Ich habe endlich genug von diesem Abschiedsschmerz. Ich will, dass die Leute, die mir ans Herz gewachsen sind, gefälligst immer in meiner Nähe bleiben. Gleichzeitig wird mir bewusst, wie absurd dieser Gedanke ist.

Wieder also heißt es Abschied nehmen. Weil ich dazu aber gerade nicht die Kraft habe, gehe ich mit einem kurzen Gruß auf mein Zimmer. Dort machen sich gerade die Putzfrauen zu schaffen. Egal. Ich lege mich ins Bett. Alles ist mir zu viel. Ich will einfach nur meine Ruhe. Nichts tun. Decke über den Kopf ziehen und tot stellen. Einigeln. Bis die Gefahr vorbei ist.

Ich wache auf, als Frau Schrade lautstark zum Waschbecken schlurft und dabei den Infusionsständer hinter sich herzieht. Denn bei ihrem Catwalk muss sie mein Bett passieren und stößt dabei meine Wasserflasche, die auf dem Boden steht, um. Sie kullert durch das ganze Zimmer.

»Verdammt, nicht mal im Krankenhaus hat man seine Ruhe«, brumme ich. Ich beschließe, in den Park zu gehen. Da entdecke ich eine Karte, die unter der Tür hindurch geschoben wurde. Die farbenprächtige Zeichnung darauf zeigt einen Schamanen. Sofort weiß ich, dass sie von Simon ist. Zum Glück hat sie Frau Schrade noch nicht gesehen. Ich hebe sie auf und lese:

»Liebe Corina, wie mich deine Offenheit beschenkt hat! Und wie durch die Lücken deiner Verzweiflung überall deine Schönheit hindurch glitzert. Wie viel Anmut dein Wesen ausstrahlt, wenn du im Herzen bist.

Das wollte ich dir noch sagen. Danke für die Tiefe der Begegnung. Liebe und Kraft von Simon.«

Das ist zu viel. Ich lege mich wieder ins Bett, unfähig, auch nur einen Fuß vor die Tür zu setzen. Schließlich bin ich krank. Sollen sich doch die anderen um mich kümmern!

Jetzt bricht meine Depression erst richtig aus. Die Heileurythmie kann ich kaum bewältigen, dabei sind die Übungen nun wahrlich nicht schwer – vom gesunden Menschenverstand aus beurteilt. Es bereitet mir jedoch ungeheure Mühe, konzentriert den Raum zu durchqueren. Kaum kann ich mich auf den Beinen halten. Meine Muskeln zittern, Schweiß tritt auf meine Stirn. Schwester Cho ist geduldig mit mir. Sie lässt mich das R rollen, in I- oder E-Haltung schreiten und sieht über meine fehlende Balance jovial hinweg. Nach einer halben Stunde kann ich endlich verduften. Ermattet schleppe ich mich wieder in mein Bett.

Ich muss geschlafen haben. Als das Telefon klingelt, werde ich wach. Es ist Jessica. Sie fragt, wann ich endlich wieder nach Hause komme. Marvin hat endlich sein Visum für Neuseeland bekommen, in einer Woche wird er fliegen. Ob ich bis dahin wieder zurück bin, fragt sie. Ich fasse mir erschöpft an die Stirn. Woher soll ich das wissen? Ich würde ja gerne im Eilzugtempo gesund werden. Doch ich fürchte, mein Körper fordert mehr Zeit.

»Ich hoffe es«, versuche ich sie zu vertrösten.

Jessica wirkt bedrückt. »Was ist los mit dir?«, frage ich und tue so, als sei ich fröhlich.

»Einer meiner Mitschüler hat sich umgebracht«, stößt sie hervor.

Mir stockt der Atem. Mit einer solchen Nachricht wollte ich vor allem jetzt nicht konfrontiert werden. Aber nun ist es zu spät.

»Wir mussten heute alle zum Schulpsychologen. Ein paar meiner Mitschüler sind sogar dabei gewesen, als er sich vor den Zug geworfen hat.«

Verdammt, was war bloß los? War etwa eine Epidemie ausgebrochen, eine epidemische Depression? Ich raffe all meine Mutterinstinkte zusammen und versuche sie zu trösten.

»Jeder hat das Recht, mit seinem Leben zu machen, was er will«, erkläre ich ihr. »Aber natürlich ist Selbstmord nicht wirklich eine Lösung. Denn wenn es einem schlecht geht, ist das nur eine Phase, die vorüber geht. Niemand bleibt für immer unglücklich.«

Habe ich das etwa gerade gesagt? Wie einleuchtend diese Worte klingen. Ich glaube ihnen durchaus, dennoch ist es gerade schwer für mich, wieder Hoffnung zu haben. Die Schwestern sagen mir jeden Tag, dass »es« vorbei gehen wird. Und jeden Tag benötigte ich erneut die Bestätigung, dass »es« vorbei gehen wird. Es ist wie damals, als ich in den Wehen lag. Natürlich wusste ich auch da, dass die Schmerzen irgendwann enden würden. Dieses Wissen half mir in den Momenten, als es mich fast zu zerreißen schien, jedoch recht wenig. Ich litt Qualen und wollte einfach nur, dass der Spuk endlich vorbei war. Stattdessen rollte die nächste Welle an und riss mich mit.

»Wie alt war der Junge denn?«, frage ich.

»Sechzehn. In der Schule wird erzählt, dass seine Mutter schwer krank ist.«

»Hmm.« Ich weiß nicht, was ich darauf sagen soll. Ich kannte den Jungen nicht, doch dass er so alt war wie Jessica, bestürzt mich. Ich denke daran, wie es mir erging, als ich bei Sabine heulend zusammengebrochen bin – und als die Gedanken an Selbstmord plötzlich im Hirn auftauchten wie Kettensägenmörder in der Geisterbahn. Bei der Kirmes bezahlt man für den Nervenkitzel in einer Welt voller Illusionen gutes Geld. Die Depression liefert gruseliges Kopfkino gratis. Doch sollte man sich dabei aber bewusst sein, dass man es hier ebenfalls nur mit einer Scheinwelt zu tun hat. Die Hirnzellen spielen uns einen Streich, gaukeln uns ein Elend vor, das in seiner Dramaturgie oscarreif ist. Ein geschrumpfter Hippocampus, ein unteraktivierter präfrontaler Cortex und eine übererregte Amygdala liefern die biochemischen Zutaten für das innere Horrorszenario, das uns lähmt und vor Schrecken ganz starr werden lässt. Wir werden zu Defätisten, die ihren düsteren Gefühlsmix für bare Münze nehmen. Und werfen uns in der traurigen Schlussszene vor eine S-Bahn. Die Pendler sind geschockt. Die wartenden Fahrgäste ein paar Haltestellen weiter erfahren durch Lautsprecher, dass der Zug Verspätung hat wegen Personenschaden. Und dieser Personenschaden wird Zentrum einer Trauerfeier sein, bei der sich die Angehörigen verständnislos schnäuzen, sich ihrerseits die Augen ausheulen und das große »Warum« unbeantwortet bleibt. Und so grassiert die Epidemie weiter, reißt die Trauernden mit in die Tiefe.

Ich wechsle schnell das Thema. Ich muss raus aus diesem Teufelskreis der destruktiven Gedanken. Da kommt mir ein Zitat Goethes in den Sinn: »Seelenleiden zu heilen, vermag der Verstand nichts, die Vernunft wenig, die Zeit viel, entschlossene Tätigkeit alles.«

»Ich verspreche dir, ich werde wieder gesund«, entfährt es mir. »Ich komme bald nach Hause und dann machen wir beide es uns so richtig schön gemütlich.«

Diese aufmunternden Worte, die ich eigentlich zu Jessica sage, scheinen Balsam für meine Seele zu sein. Ein Ruck geht durch meinen Körper. Es ist, als hätte ich eben eine wichtige Entscheidung getroffen. Ich krame mein zerfleddertes Notizbuch aus dem Nachtisch hervor, das ich, seit ich hier bin, noch nicht angerührt habe. »Ab jetzt geht es mir jeden Tag besser«, schreibe ich hinein. Kleine Schritte scheinen bei dieser Krankheit große Meilensteine zu sein.

Jessica wirkt durch mein Versprechen endlich beruhigt. Sie ist eben manchmal noch ein Kind, das die aufmunternden Worte der Mutter braucht. Am allermeisten aber brauche ich sie selbst. Die Genesung beginnt in dem Moment, als ich anfange, an mein Glück statt an Untergang und Tod zu glauben. Als ich die Weichen endlich verstellt habe. Als ich aufhöre, mich aufzugeben.

Am nächsten Tag kündigt Schwester Louisa an, dass das psychiatrische Konsil zu mir kommen wird. Ich bin ergriffen. Gleich ein ganzes Konsil! In meine gedrückte Stimmung schleichen sich ab und an bereits Hoffnungsschimmer ein und funkeln wie Sterne am Himmel. Der dicke Panzer, der mich umgibt, scheint erste Risse zu bekommen. Irgendetwas rüttelt an den Stäben meines selbst gezimmerten goldenen Käfigs. Mein Notizbuch wird inzwischen zu meinem ständigen Begleiter. Darin spreche ich mir selbst Mut zu. Ich möchte den dicken Schleier einer selbst verursachten Ausweglosigkeit durchbrechen. Wenn ich die Depression gemacht habe, kann ich sie auch wieder auflösen. Mir dämmert langsam, dass ich kein Opfer der Umstände bin. Ich fange an zu begreifen, dass ich mir mit dieser Krankheit nur wieder ein neues Schauspiel mit den alten Charakteren inszeniert habe. Immer wieder gelangte ich in meinem Leben in Situationen, in denen ich mich als Opfer begriff, ja in der Tat Opfer war. Aber nur, weil ich selbst meine Zustimmung dazu gegeben hatte.

In der Ehe spielte ich die Opferrolle par excellence. Mein Mann trank und ich war ihm ausgeliefert. Er war abhängig vom Alkohol, ich war abhängig von ihm. Die Kinder waren damals noch klein, ich hatte noch keinen Beruf erlernt, weil ich gleich mit dem glänzenden Abiturzeugnis in der Hand in den Kreissaal zog. Gut, ich wagte noch einen Abstecher an die Uni, doch mit einem strampelnden Kind im Bauch fühlte ich mich bei den Vorlesungen etwas deplatziert. So blieb mir keine andere Wahl, als die Eskapaden meines Mannes, sein Exzesse, seine Lügen und Schikanen zu ertragen. Meinte ich. Ich amputierte mir mit dieser Haltung selbst meine Handlungsmöglichkeiten. Doch irgendwann wachte ich aus diesem Dämmerschlaf auf und spielte das perfide Spiel einer suchtgesteuerten Beziehung nicht mehr mit. Ich stieg aus dem sich immer schneller drehenden, grotesken Karussell, auf dem wir beide eine zerstörerische Beziehung am Laufen hielten, aus. Ich besorgte keinen Alkohol mehr, bügelte seine Ausfälle am Arbeitsplatz und in der Familie nicht mehr glatt und weigerte mich, weiterhin die Augen vor der Wahrheit zu verschließen. Dadurch wurde ein neuer Mechanismus in Gang gesetzt, im alten knirschte es gewaltig. Ich realisierte, dass ich kein Opfer war. Doch ich merkte auch, dass ich wohl mein Leben lang vergeblich darauf warten würde, dass er etwas ändert, eine Entziehungskur macht und endlich die Finger von der Flasche lässt. So lange ich das von ihm forderte, geschah nichts. Ich konnte nur eines tun: meinen Part an der Geschichte erkennen - und ändern.

Doch schon in der nächsten Beziehung tappte ich wieder in die Falle. Mit einem verheirateten Pfarrer als Liebhaber sind die Zukunftschancen auch nicht gerade rosig. Ich meinte, wieder Opfer zu sein. Denn er änderte sich nicht. Wieder wartete ich vergeblich darauf, dass ein anderer die Initiative für eine Besserung der Umstände ergriff. Vier Jahre lang hegte ich die Hoffnung, dass endlich ein Wunder geschehen würde. Nichts geschah. Ich hingegen fühlte mich immer schlechter, immer ausgelieferter. Bis ich auch hier begriff, dass ich nicht handlungsunfähig war. Als Opfer musste ich erst in Agonie am Boden liegen, bis ich den Kurs wechselte und die Kraft aufbrachte, aus diesem Kampf, den ich nie gewinnen konnte, auszusteigen. Es kostete mich eine enorme Anstrengung, aber ich habe auch diese Kurve gekriegt.

Ich frage mich, wie oft ich denn noch in dieses Loch zu fallen gedenke, bis ich endlich verstehe. Diesmal war es kein Mann, es waren gleich mehrere. Meine zahlreichen Arbeitgeber hatten mich gefordert und verheizt. Und ich? Ich ließ das mit mir geschehen. Ich arbeitete für viele Redaktionen, hatte zahlreiche PR-Auftraggeber. Und allen meinte ich, gerecht werden zu müssen. Ich war nett und angepasst, stets bereit, wenn es irgendwo brannte. Ich sprang ein und glänzte mit einer Flexibilität, die mir, wäre all das ein Spiel gewesen, gewiss hundert Punkte eingebracht hätte. Wieder forderte ich das Unmögliche von mir. Nie hielt ich dagegen, wenn ich an einem Tag fünf Termine zu erledigen hatte. Ich nahm's auf mich, schluckte Ärger und Wut hinunter. Aus diesem Cocktail in meinem Innern entstand durch den langandauernden Gärungsprozess schließlich die Ohnmacht. Wenn mein Chef wutschnaubend über Zeilenzahlen, Headlines oder Knick im Bild wetterte und dabei jeden, der sich in seine Aura wagte, für das Elend der Welt (abgehandelt auf wenigen Druckseiten) verantwortlich machte, ging ich ein paar Schritte rückwärts. Ich wurde still, schluckte, duckte mich und wagte es nicht, den geringsten Laut des Widerspruchs zu äußern. Ich fügte mich und schaltete auf Autopilot um. Wieder mal. Das alte Muster. Ich ließ zu, dass andere mir meinen Raum nahmen und verkroch mich in mir selbst. Dort aber spielten mir die Botenstoffe des Gehirns und meine gegen mich selbst gerichtete Gedanken übel mit. Was ich zunächst nicht merkte. Angepasst wie ich war, erfüllte ich die Anforderungen, die an mich gestellt wurden, weiterhin zuverlässig und mit höchster Präzision. Ich ging auf Themenjagd quer durch die Region, preschte auf die

Bühne bei Bürgermeisterneuwahlen, Orchesterkonzerten und Jahreshauptversammlungen. Es entstand eine immer größere Kluft zwischen innen und außen. Innen war ich leer, schlaff wie ein altes Laugenbrötchen, hatte meinen Widerstand gegen übermäßigen Druck, überzogene Anforderungen und ungerechte Behandlung irgendwo in meiner Hirnrinde vergraben. Außen funktionierte ich wie eine gut programmierte Reporterpuppe. Und genau in diesen Graben bin ich bei meiner ersten Angstattacke gefallen. Einmal drin, war es schwierig, wieder rauszukommen. Der Panikanfall war der Beginn des totalen psychischen Abstiegs. Lange klammerte ich mich an die Wand meines Abgrundes, wollte nicht wahrhaben, dass ich krank war.

Hier in der Klinik, auf das technisch ausgereifte, höhenverstellbare Bett geschleudert und durch den Schlauch der Infusionslösung stets mit allem Guten dieser Welt verbunden, schaffe ich es, diese Wand endlich loszulassen. Und falle zunächst noch tiefer. Aber immerhin, ich habe losgelassen. Erst dadurch kann ich die Kraft schöpfen, mich aus diesem Loch zu befreien. Zunächst aber muss ich eine Weile liegen. Ja, und endlich begreife ich bei meinem teilnahmslosen Dasein, dass ich wieder ein Opfer geworden bin. Dass ich mit mir machen lasse, anstatt zu machen, wurde gerade jetzt in der Klinik deutlich. Hier findet nun die Fortsetzung meines Films statt, den ich selbst inszeniere. Der Kulissenwechsel, in dem nun die Farbe Weiß vorherrscht, soll mir wohl endlich verdeutlichen, dass ich die Rolle in der Waagerechten bestens beherrsche. Als Opfer nämlich.

Das psychiatrische Konsil erscheint in Gestalt einer grauhaarigen Mittfünfzigerin. Sie setzt sich an den Tisch, ich bleibe auf der Bettkante sitzen. Sie stellt mir zunächst Routinefragen. Wann die Depression begann, was der Auslöser war und welche Medikamente ich nehme. Ich antworte wahrheitsgemäß, dass ich mich schon seit Monaten erschöpft fühle. Und ich erkläre ihr in der Kurzfassung das Erdbeben, das mein Leben erschüttert hat.

»Wann geht das endlich vorbei?«, frage ich.

»Es geht mit Sicherheit irgendwann vorbei, das kann ich Ihnen versichern. Die Depression ist die einzige Krankheit, die eine hundertprozentige Heilungschance hat. Noch niemand ist für immer depressiv geblieben«, versichert mir die Psychiaterin.

Immerhin. Vielleicht sollte ich mir einen Hund zulegen, oder sogar einen Mann, um aus diesem Stimmungstief herauszukommen.

»Ich fordere meine Patienten in der Klinik manchmal auf, einfach eine halbe Stunde Tischtennis zu spielen. Während der Depression können sie kaum an etwas anderes denken und hängen nur den trüben Gedanken nach. Wenn sie sich nur für kurze Zeit auf einen Ball und zwei Schläger konzentrieren, ist dieser zerstörerische Gedankenkreislauf schon unterbrochen. Nehmen Sie sich einfach mal eine Auszeit.«

Meine Ungeduld schlägt Kapriolen. »Ich will jetzt gesund sein und nicht erst in einem Jahr.«

»Ihr Körper hat Ihnen seine Grenzen gezeigt, die müssen Sie akzeptieren. Seien Sie froh, dass Sie nur eine Depression bekommen haben.«

Nun werde ich wieder ganz kleinlaut.

»Sorgen muss ich mir keine um Sie machen, oder?« fragt mich die Ärztin.

Ich schaue sie erstaunt an.

»Routinefrage«, schickt sie nach.

Warum sollte ich hier lügen? Schließlich ist die Ehrlichkeit zu mir selbst auch ein Schlüssel zur Heilung.

»Nein, ich will leben. Aber ich gebe zu, dass ich Selbstmordgedanken hatte. Sie tauchten einfach aus dem Nichts auf, und sie haben mich furchtbar erschreckt.«

Die Psychiaterin scheint kein bisschen verwundert. Offenbar ist das wirklich alles Routine für sie.

»Im Grunde weiß ich sehr genau, dass das Leben schön sein kann«, sage ich mehr zu mir selbst als zu ihr. »Ich möchte mit meiner Tochter zusammen sein, meinen Kindern ein Vorbild sein, irgendwann meine Enkelkinder sehen und mich darauf freuen, was das Leben noch alles für mich bereit hält.«

Die Psychiaterin nickt und schreibt eifrig mit. Da fällt mir auf, dass ich mich in einer gewohnten Situation, aber mit umgekehrten Vorzeichen befinde. Sonst bin ich es immer, die andere Leute ausfragt und eifrig mitschreibt, was diese zu berichten haben. Ich fühle meinen Interviewpartnern auf den Zahn und notiere mir die wichtigsten Informationen, die ich später im Artikel verwerte. Mich würde interessieren, wie diese erfahrene Psychiaterin wohl meine bruchstückhaften Gedankensplitter zu einem Gutachten zusammenfasst. Ob sie wohl mehr ihre eigene Sicht, die geprägt ist von ihrer alltäglichen Arbeit mit psychisch Kranken, in ihren Befund einfließen lässt? Oder ob sie den Versuch unternimmt, sich wirklich in mich hinein zu versetzen? Mich als Mensch mit einer individuellen Geschichte sieht? Dafür dürfte die Zeit zu kurz sein, sie weiß einfach zu wenig von mir. Und ich? Ist es nicht vielmehr das Bild, das ich mir von meinen Interviewpartnern mache, mit dem ich dann auf der ersten Lokalseite groß rauskomme?

»Ich empfehle Ihnen, eine Auszeit einzulegen. Vielleicht haben Sie ja Lust, den Jakobsweg zu gehen.«

Diese Aussage verblüfft mich. Der Jakobsweg hat mich zwar schon immer gereizt, aber die Strapazen traue ich mir momentan nicht zu. Ich war, kurz bevor ich in die Klinik kam, ja noch nicht einmal mehr in der Lage, meinen Haushalt zu führen. Schon das Einkaufen war mir zu viel, geschweige denn, eine ganze Mahlzeit zuzubereiten. Ich war schlicht überfordert. Wenn ich mit meinen Kindern am Tisch saß, ging schon eine normale Konversation über meine Kräfte. Meine Stresstoleranz war rapide gesunken, in meinem Geist schrillten nur noch die Alarmglocken. Und dann eine Pilgerreise von fast achthundert Kilometern? Nein danke, daran ist gerade nicht mal zu denken. Ich kann froh sein, wenn ich den Weg von meinem Bett bis ins Heileurythmie-Zimmer beschwerdefrei schaffe.

»Ja, Sie haben recht, das würde wohl meinen Horizont erweitern und mich von der Engstirnigkeit dieser Depression befreien«, höre ich mich stattdessen sagen.

»Ich denke, Sie sind auf dem richtigen Weg. Auch, wenn Sie nicht nach Santiago de Compostela wandern.«

Sie muss mir angemerkt haben, dass ich nur zu müde bin, mich mit ihr auseinander zu setzen. Ich bin froh, als sie wieder geht. Sie konfrontiert mich zu sehr mit dieser Krankheit. Das ist schwer auszuhalten. Eine Depression kann die Hölle auf Erden sein, man kriecht in der dunkelsten Ecke seines Daseins herum und sieht den Himmel nicht mehr. Man frisst Dreck, fühlt sich wie Gollum und verliert völlig die Orientierung in seiner engen Höhle. Was ist das für eine Erfahrung? Ich bin doch einer dieser Lichtarbeiter, die Reiki beherrschen und sich für spirituell halten. Ich sitze doch mit den Größen unserer Gesellschaft an einem Tisch. Wenn ich nur an meine Pressereise nach Kitzbühel denke! Hansi Hinterseer habe ich da getroffen. Ich plauderte mit ihm im Hotel »Zum weißen Rössel«, wo wir gemütlich nebeneinander in einer edlen Couchgarnitur saßen, während draußen die Menge an Fans auf die Gelegenheit zu einem Schnappschuss mit ihrem Idol wartete. Seine musikalische Wanderung auf den Hahnenkamm hatte er gerade beendet, die Stadt war voller Touristen. Ich war der Einladung des Hotels »Astoria« gefolgt, das auf eine interessante Berichterstattung in der Baden-Württembergischen Zeitung spekulierte, für die ich arbeite. Schon am Ortsschild lächelte mir Hansis Konterfei breit entgegen. Dass er der Schwarm aller Schwiegermütter ist, ein wettergegerbter Naturbursche, der jede gestählte Emanze im Nu zum Schmelzen bringen kann - daran bestand nicht der geringste Zweifel. Und in der Tat: Er war auch noch nett. Und ich hatte die einmalige Chance, mit diesem Prototyp eines Mannes in legerer Fünf-Sterne-Atmosphäre ein Schwätzchen zu halten. Er beantwortete mir bereitwillig alle Fragen, das Spiel funktionierte. Durch meinen

Presseausweis genoss ich wieder mal Sonderstatus, er öffnete mir zwar nicht die Tür zu Hansis Herz, wohl aber jene zu seiner Couchgarnitur. Den Weg dorthin bedeutete mir der Concierge mit einer diskreten Kopfbewegung. Hansi zeigte sein charmantestes Lächeln, als ich meine Nikon auf ihn richtete. Was war ich nicht für ein Glückspilz. Traurig denke ich an die Zeit, als ich noch glücklich war. So lange ist das doch noch gar nicht her.

Die Psychiaterin klärt mich noch darüber auf, dass – sollte ich nachts plötzlich unruhige Füße bekommen – dies an dem Antidepressivum liegen könnte. Zappelige und kribbelige Gefühle in den Beinen sind nun nicht gerade das, woran ich leide, doch ich nicke, um ihr zu signalisieren, dass ich diesen Hinweis zur Kenntnis genommen habe. Zum Glück fertigt sie mich nicht mit platten Psychologismen ab, sie macht ihren Job und stellt mir die richtigen Fragen. Das kann ich ihr nicht verübeln. Schließlich kenne ich das.

Die Zeit rinnt so dahin, während die Tage immer kürzer und die dunklen Nächte immer länger werden. Hier bin ich selbst in durchwachten Nächten gut versorgt. Ich muss nur das Kabel über meinem Bett zu fassen kriegen, den roten Knopf betätigen und schon eilt die Schwester vorbei, um mir in buntem Hütchen eine Schlaftablette zu apportieren. Damit sinke ich in eine noch dunklere Nacht. Doch nur für kurze Zeit, meist wache ich schon um fünf Uhr in der Frühe auf. Trotzdem empfinde ich diese wenigen Stunden Schlaf als Segen. Was habe ich mich zu Hause von Seite zu Seite gewälzt und mit meiner mit nichts zu dämpfenden überdrehten Wachheit gerungen. Ich zählte von hundert rückwärts, versuchte es mit progressiver Muskelrelaxation, autogenem Training und Meditation. Es war, als wollte ich einen hochtourig drehenden Motor abrupt in ein ausgeglichenes Pendeluhrwerk verwandeln. Es funktionierte nicht. Schlafmangel und Schwermut liegen eng beieinander, denn je weniger ich in nachts Ruhe fand, desto düsterer ging es mir bei Tag - und umgekehrt. Der Schlafmangel raubte mir die letzten Energiereserven und muss meinen Hormoncocktail ungünstig gemixt haben. Was war da Ursache, was die Folge? Ist meine seelische Sonate Ausdruck eines hormonellen Durcheinanders oder wirbeln die Botenstoffe durcheinander, weil ich schulddurchdrungen und hyperaktiv gerade eine schwierige Partitur zu spielen habe?

Ich liege mit Herzrasen und aufgepeitschtem Geist im Bett und versuche, mich in einen Gleichmut, der bei gruppendynamischen Laubsägearbeiten vorherrscht, hineinzudenken. Ich bemühe mich krampfhaft zu schlafen, was natürlich misslingt und mich abermals unter Stress setzt. Ein Teufelskreis. Die Tatsache, dass es nicht klappt, peitscht mich noch mehr hoch. Ich bin völlig aus dem Ruder geraten, mein vegetatives Nervensystem spielt verrückt, mein Darm arbeitet auf Hochtouren mitten in der Nacht, mein Organismus rotiert, während sich Marvin in aller Seelenruhe auf seine große Reise vorbereitet. Mir jedoch hilft nicht mal die visionäre Kraft der Musik, keine gedämpften Klänge aus der Wellness-Oase fahren meinen Verstand herunter. Mein Puls ist viel zu hoch, die Muskeln zucken, das Herz stolpert vor sich hin und scheint keinen konstanten Takt mehr zu finden. Aber was, bitte schön, ist denn wirklich kontrollierbar? Das Vegetativum hat seine eigenen Gesetze, die ich nicht mit dem Verstand steuern kann. Vielleicht ist es aber genau das, was ich endlich lernen soll: Dass eben nicht alles unserer Kontrolle unterliegt, nicht mal für Multitasking-perfektionierte Powermütter. Okay, ich habe es jetzt kapiert! Ich klingele nach der Schwester und bitte um die Schlaftablette. Darauf wenigstens ist Verlass! Die Schwester macht ihren Job und eilt mit einem roten Hütchen vorbei, dessen Inhalt ich langsam und bedächtig schlucke. Bevor ich weg nicke, fällt mir noch eine Zeile von Hermann Hesse ein: »Solange du nach dem Glücke jagst, bist du nicht reif zum Glücklichsein - und wäre alles Liebste dein.« Na also, dann hab ich es doch gut gemacht, ich bin schon zufrieden, wenn ich nur mal meine Ruhe habe, am besten vor mir selbst. Wieder eine Nacht gerettet.

Kapitel 3

Aufbruch

In Neuseeland gab es ein Erdbeben. Ausgerechnet jetzt. In wenigen Tagen wird Marvin seinen Flug antreten - und Christchurch liegt in Trümmern. Das bessert meinen Zustand nicht gerade. Die Welt scheint verrückt zu spielen. Die Esoteriker reden von einer Schwingungsanhebung der Erde. Davon kann ich derzeit nichts spüren. Meine Stimmung ist in konstantem Moll gehalten. »Wo viel Licht ist, zeigt sich auch viel Schatten«, lese ich in meinem Schmöker von Diana Cooper über die Prophezeiungen der Maya. Demnach wird am 21.12.2012 der alte Maya-Kalender enden. Eine Phase des Übergangs soll folgen bis 2032, bis end lich das Goldene Zeitalter eintreten wird. Und Neuseeland spiele bei dieser Transformation eine bedeutende Rolle: »Es ist das Eintrittsportal für die Raumschiffe des Lichts« lese ich. Ich weiß nicht, ob ich das gut finden soll. Lichtwesen von anderen Sternen landen also auf Neuseeland, womöglich genau dann, wenn Marvin dort ist. »Diese Lichtwesen bringen Hilfe für den ganzen Planeten«, schreibt die Autorin weiter, »und Neuseeland wird aufblühen und ein leuchtendes Beispiel für die ganze Welt sein.« Und mein Sohn ist dabei! Es beschleicht mich ein seltsames Gefühl. Soll ich die ganze, schrillbunte Prophetie glauben? Soll ich an ein Goldenes Zeitalter glauben, gerade jetzt in einer Zeit, da ich mir eine Zukunft nur in tiefblaue Tinte getunkt vorstellen kann? Ich lege das Buch wieder weg. Das geht jetzt über mein derzeitiges Fassungsvermögen. Ich muss mir erst mal darüber im Klaren werden, was jetzt ist. Schon damit bin ich fast überfordert. Wenngleich: Ich liege in einem frisch gemachten Bett in einem wohlklimatisierten Raum, mein Essen erscheint pünktlich zu Mittag direkt am Nachttisch, wenn ich dies so wünsche. Mein Arm ist gut gebettet in frischer Mullbinde, der Ingwerwickel heizt meinen inneren Ofen an. Es ist für alles gesorgt, während die Menschen in Christchurch vor den Trümmern ihrer Existenz stehen. Und ich habe Depressionen? Wieder schäme ich mich. Ich habe ein echtes Luxusproblem. Ich klingle nach der Schwester und sage den Ingwerwickel für heute ab. Ich will raus, an die frische Luft, ich muss mich bewegen, muss dieser Klinikatmosphäre entkommen. Ich brauche neue Gedanken, die mich dieser ermüdenden Schwere entheben. Ich nehme all meine Motivation zusammen, steige in meine Turnschuhe, greife mir meine Tafel Bioschokolade, die den Ingwerwickel ersetzen soll, und verabschiede mich von Frau Schrade und Frau Kahl, die sich gerade auf den Weg in die Raucherecke machen. Raus hier, ich fühle mich wie meine eigene Perversion von Luxus.

Ich stapfe durch den Wald und kicke wütend einen Tannenzapfen vor mir her, als ob er schuld wäre an meiner ganzen Misere. Ein Ast kommt mir in die Quere, ich hebe ihn auf und schleudere ihn mit Wucht gegen den nächsten Baum, als wolle ich die arme Buche strafen für mein Leid. Die Hände tief in den Taschen vergraben marschiere ich in weiter. Ein Ziel habe ich nicht, dafür umso mehr Groll, den ich am liebsten hinaus schreien würde. Verdammt, warum eigentlich nicht. Den nächstbesten Ast schnappe ich mir und peitsche damit eine Eiche aus. »Scheiße, Scheiße«, entfährt es mir. Ich fluche, was das Zeug hält. »Fuck it«, schreie ich in die kühle, sauerstoffreiche Luft hinaus. Es ist weit und breit niemand zu sehen, keiner da, der mich nun für völlig durchgeknallt halten könnte. Meine Stimmung sinkt noch weiter in den Keller. Dort unten hat sich nicht nur Trauer versteckt, sondern eine Menge Wut, die ich erst jetzt entdecke. Sie quillt nach oben in mein Bewusstsein und treibt mir die unflätigsten Worte in den Sinn. Der Wald nimmt meine Beschimpfungen gleichgültig hin. So muss es sein, wenn man mit Gott ins Gericht geht. Man kann zetern und wettern so viel man will – der Schöpfer bleibt gelassen, ohne sich dem massiven Angriff zu widersetzen. Er hält das aus. Der Wald wehrt sich nicht, duckt sich aber auch nicht. Es ist, als biete er mir bereitwillig seine Angriffsfläche dar, nur, damit mein Zorn zum Widerhall werde, auf dass ich ihn selbst erkenne. Ein paar Steine, die im Weg herumliegen, kicke ich ins Dickicht. »Ich will gesund sein«, schreie ich aus vollem Hals. »Ich will verdammt noch mal gesund sein. Ich habe all das satt!«

Der Wald schluckt all meine hervorbrechende Wut. Zwischen meinen Schreien drückt mir die Stille aufs

Trommelfell. Wie mit dem Entermesser zwischen den Zähnen stapfe ich weiter, wild entschlossen, diesem Universum endlich alles aufs Auge zu drücken, was mir missfällt. Da bricht die nächste Woge aus säuerlichem Groll hervor. Tannenzapfen fliegen in die Luft, Äste brechen sich an den Stämmen. Ich wüte, schreie, kämpfe gegen die Wand, die mich umgibt. Ich will ausbrechen aus meinem Gefängnis, das meinen Raum immer mehr begrenzt hat. Will frei sein, mich nicht von meinen eigenen Gedanken zum Narren halten lassen. Und während ich so tobe, kommt mir wieder ein Zitat in den Sinn, diesmal stammt es direkt aus der Heiligen Schrift. Im Buch Jesus Sirach, Kapitel 30, Verse 21 bis 25 steht geschrieben:

»Gib dich nicht dem Trübsal hin, quäl dich nicht selbst mit nutzlosem Grübeln. Freude und Fröhlichkeit verlängern das Leben des Menschen und machen es lebenswert. Überrede dich selbst zur Freude, sprich dir Mut zu und vertreibe den Trübsinn. Der hat noch nie jemand geholfen, aber viele hat er umgebracht. Eifersucht und Ärger verkürzen das Leben und Sorgen machen vorzeitig alt. Ein fröhliches Herz sorgt für guten Appetit und auch für gute Verdauung.«

Und wie ich gerade den Ärger vertreibe! Mit aller Wucht schleudere ich den nächstbesten Ast gegen eine hochgewachsene Tanne. »Ich will den ganzen Mist nicht mehr. Ich sage Nein, Nein, Nein!« Die über viele Jahre angestaute Wut presst sich von innen gegen meinen Hals. Ich stoße einen schrillen Schrei aus. Bei all meinem aufgebrachten Tun aber bleibt in meinem Innern eine Instanz unbehelligt. Sie beobachtet mich nüchtern. Sie ist es auch, die sich vergewissert, dass ich alleine bin, niemand um die nächste Weggabelung biegt und mich für total durchgeknallt halten könnte. Mein Verband um den Arm, an dem die Kanüle in meinen Venen steckt, ist ein Zeichen, dass ich Patientin der nahen Klinik bin. Und zweifelsohne würde mich ein ahnungsloser Spaziergänger für nicht ganz zurechnungsfähig halten. Dennoch bin ich mir völlig im Klaren darüber, was ich gerade tue. Und ich finde das sogar richtig gut. Endlich raus mit wild wuchernden Emotionen, die sich, unerkannt und nicht akzeptiert, zu einer destruktiven Kraft in meinen Eingeweiden entwickeln konnten. Mit geblähten Nüstern treibt es mich vorwärts und ich trete gegen eine verkümmerte Fichte. Im Wald bleibt es windstill, mein innerer Orkan scheint langsam zu verebben. Es ist, als hätte ich in den Nebel, der mich umgibt, ein Loch gerissen, durch das ich wieder einen Blick auf den blauen Himmel erhaschen kann. Sind es die unerfüllten Wünsche, die meine Seele auffressen? Ist es mein allzu angepasstes Dasein - immer bestrebt, es allen recht zu machen - das mich schließlich so wütend macht? Ich habe über all meinen Pflichten meine wahren Wünsche völlig vergessen. Jetzt, während meines Gefühlsausbruchs, schimmern sie plötzlich wieder hervor. Mit Büchern wollte ich arbeiten, eigentlich, in den Seiten zwischen zwei Hardcoverdeckeln stöbern anstatt immer nur in flüchtig raschelndem Zeitungspapier, etwas von Dauer schaffen. In die Zeitung von heute werden morgen schon tote Fische eingepackt. Ein Buch aber hat selbst in Zeiten der immensen Flut von jährlichen

Neuerscheinungen bessere Chancen auf Beständigkeit. Außerdem wollte ich in einer harmonischen Partnerschaft leben, einen Mann zum Anfassen haben, anstatt mit meinem Job verheiratet zu sein. Verdammt, ich bin echt vom Weg abgekommen. Ich sehe mich um. Ich stehe mitten im Wald, sehe nur Bäume. Und weiß dennoch, dass ich den Weg nach Hause finden werde.

Sogar große Dichter und Denker hat es erwischt. Goethe hatte den Blues, Hermann Hesse, Thomas Mann, Immanuel Kant, Sigmund Freud, Ernest Hemingway, Bertold Brecht ... alle litten sie an Depressionen. Selbst Bismarck, Cäsar, Churchill kannten die Schwermut. Auch die fröhliche Marilyn Monroe und die kluge Marie Curie waren nicht frei davon. Und auch die Schriftstellerin Virginia Woolf plagten Nervenzusammenbrüche. Ein Burnout zählt in unserer Gesellschaft inzwischen schon als Leistungsabzeichen. Die Großen, Schönen und Guten des Showbusiness leiden darunter. Ausgebrannte haben, bevor sie zusammenbrechen, für etwas gebrannt, so viel weiß ich bereits. Auch ich war eine der Überengagierten, Motivierten und Ehrgeizigen, habe ganzen Einsatz gebracht. Ich war eine »Rampensau«, immer ganz vorne dabei. Die ganze badische Toskana habe ich mit der Kamera durchquert – und es waren nicht die ruhigen Plätze, die ich aufsuchte, denn die beschaulichen Stillleben hatten keinen News-Wert. Meine psychosoziale Beschaffenheit wurde durch meine einsamen Touren zu den Schauplätzen, an denen sich etwas bewegte, nicht gerade besser. Ich berichtete groß in der Zeitung, fand mich aber selten in vertrauten, zwischenmenschlichen

Gesprächen wieder. Der Kommunikationsterror, dem ich unterworfen war, zwang mich jeden Tag zur neuen Themenjagd. Die Leser mussten unterhalten und informiert werden, auch, wenn es nichts Nennenswertes zu berichten gab. Dann machte man eben aus einer Mücke einen Elefanten, aus einem schnöden Bastelabend ein Kreativ-Event, aus einem formalen Gemeinderatsbeschluss über die Anhebung der Wassergebühren einen lokalpolitischen Skandal. Vor allem im Sommerloch, während der Saure-Gurken-Zeit, war spannende Berichterstattung schwierig. Keine kulturellen Veranstaltungen, keine sich konstituierenden Ortschaftsräte, keine Ehrungsabende beim Männergesangsverein. Da konnte man nur hoffen, dass mal wieder eine Mehrzweckhalle ausbrannte, der Neckar über die Ufer lief oder ein maskierter Räuber eine Bankfiliale oder einen Schleckermarkt überfiel. Das waren dann Ereignisse, die wochenlang ausgeschlachtet wurden und so zum Longseller avancierten. Als Alternativen boten sich Reportagen über den Hundswurz im Kraichgau oder die zu erwartenden Einbußen bei der diesjährigen Getreideernte aufgrund des zu nassen Frühlings an - irgendwelche Wetterkapriolen gab es immer. Auch die Tränendrüse war ein gutes Mittel gegen die sommerliche Nachrichtenflaute, die regelmäßig zu Beginn der großen Ferien betätigt wurde. Ausgesetzte Hundewelpen im Tierheim machten sich da immer gut. Der hunderttausendste Gast im Freibad kam als dreispaltiges Bild auf der ersten Lokalseite raus. Und wenn die Mitglieder des Odenwaldklubs mit künstlichen Kniegelenken eine Radtour durch die Fränkische Schweiz unternahmen, war das natürlich der Aufmacher des Tages. Einen regelrechen kreativen Schub konnte einem Redakteur außerdem die nahende Mosternte bescheren: Die Konsistenz, Menge und der Zuckergehalt der Äpfel wurde dabei in epischer Breite ausgeschlachtet. Fand irgendwo eine Straßeninstandsetzungsmaßnahme mit Kanalsanierung statt, war dies Anlass für eine wöchentliche Fotostrecke, die den Querschnitt der Abwasserrohre, Schotterschicht und Asphaltdecke in Makroaufnahme zeigte. Nicht, dass ich all dies nicht für berichtenswert hielt. Meine Begeisterung für Frostschutzbeläge, Baggerbisse und Umleitungsempfehlungen kochte so lange auf heißer Flamme, bis das Layout stimmte und die Seite freigegeben war für den Druck. Dann fiel der Stress langsam von mir ab. War ein Tag geschafft, drückte am nächsten schon wieder der Schuh. Wie die Seite füllen, wenn nichts los war? Ich hatte permanent für das Entertainment der Leser zu sorgen, selbst bei gähnender Leere. Gute Laune verbreiten, die Sensationslust befriedigen, lesefreundliche Artikel mit viel Informationsgehalt verfassen und dabei immer locker bleiben: Da hatten Trauer, Schwermut und Zorn keinen Platz. Ich muss diese Gefühle irgendwo hinter der Nebennierenrinde vergraben haben, wo sie das ständig abgefeuerte Stresshormon aber in den Blutkreislauf spülte - und so mein Körper sukzessive von den Schlacken nicht gelebter Emotionen überflutet wurde.

Meine Gesamtverfassung steuert peu à peu in Richtung »Ist ja noch mal gut gegangen«. Das Stibium rinnt jeden Morgen durch meine Blutgefäße, die an der

Wärmflasche vorgeheizte Aurum-Herzauflage stärkt mich auf sanfte Weise, und die Gespräche mit den Schwestern, Ärzten und Pflegern reflektieren meinen Zustand, so dass ich erkennen kann: Es geht aufwärts. Ich habe einen Termin bei Schwester Louisa: Contextuelles Coaching. Sie schickt mich auf eine meditative Reise, während der ich die Angst, die Trauer und das Gefühl der Minderwertigkeit verabschiede. Folgende Erkenntnis will sie mir vermitteln: Durch falsche Glaubenssätze erschaffe ich mir die immer gleichen Lebensszenen. So suche ich mir immer Männer, die ich zunächst vergöttere und später verachte - weil ich das mit meinem Vater genauso gemacht hatte. Ich allein - und nur ich - habe es in der Hand, dies zu ändern. Ich werde so lange nach Liebe hungern, solange ich sie von anderen erwarte. Ich soll die Trauer, die Angst und mein Gefühl der Minderwertigkeit annehmen. Durch meinen Beruf hatte ich mir einen besonders großen Kreis an erhoffter Wertschätzung von außen aufgebaut. Es genügte mir nicht, die Bewunderung von einem Mann zu erkaufen, indem ich lieb und angepasst war. Die Tageszeitungs-Abonnenten des ganzen Verbreitungsgebietes mussten her, um meinen Selbstwert auf ein erträgliches Maß anzuheben. Ich erkaufte mir Anerkennung durch Leistung. Und ohne diese Anerkennung fühlte ich mich leer und ausgewrungen wie ein nasser Wellnessschwamm. Wenn mein Name mehrmals auf der Lokalseite zu lesen war, lief ich gut gedopt durch die Welt. Ich war ein Junkie der Öffentlichkeitsarbeit, ich brauchte die Aufmerksamkeit eines großen Publikums, um mich getragen zu fühlen. Blieb dieser Kick aus, sackte ich gefährlich ab. All das fällt mir erst jetzt wie Schuppen von den Augen - oder vielmehr wie Buchstaben in die Suppe. Ich hatte, kurz bevor ich mit Depressionen in die Klinik eingewiesen wurde, eine heftige Erkältung. Die Folge: Keine Berichte von mir in der Zeitung. Das fühlte sich wie tot an. Die öffentliche Aufmerksamkeit ist etwas, was durchaus abhängig machen kann. Ich bin sicher, viele Promis und Menschen des öffentlichen Lebens leiden darunter, ohne es zu realisieren. Ich prügelte mich durch Vernissagen, Dorffeste und öffentliche Kundgebungen, nur um meine Zeilen in dieses Blatt zu bekommen. Damit die Leser unbedingt von mir die Neuigkeiten erfuhren. Damit ich die Nase vorn haben konnte. Damit ich es war, die zum Medium für die Leser wurde, zum Multiplikator, der all die veräußerte Energie in vervielfältigter Form wieder zurück bekommen sollte. Davon lebte ich energetisch. Ich hing an der Nadel der Leser. Hier, in Bad Liebenzell, bin ich auf Entzug. Das Zittern lässt langsam nach, die Droge Presse ist in weiter Ferne, hier kursieren die Nachrichten auf dem Krankenhausflur. Angst und Trauer habe ich nun via Trance fortgeschickt.

Umso mehr erschreckt mich die Panik, die mich in den letzten Tagen meines Aufenthaltes zu fassen kriegt. Sie holt mich nach dem Frühstück auf dem Weg in mein Zimmer ein. Ich habe das Gefühl, dass ich zusammenbrechen muss. Mein Herz rast, Puls und Blutdruck schnellen in die Höhe, ich kriege kaum Luft, meine Kehle ist wie zugeschnürt. Ich sinke in mich zusammen, rufe nach der Schwester. Ich fürchte in diesem Moment einen Herzinfarkt, bin überzeugt, ein schweres Herzleiden zu haben. Die Schwestern eilen herbei, heben mich auf einen Rollstuhl und fahren mich in mein Zimmer. Zu laufen wage ich nicht. Ich wage überhaupt nichts, bin Opfer dieses Anfalls. Als ich in die Waagerechte gehoben werde, normalisiert sich mein Puls. Meine Stimme ist zu einem hastigen Krächzen verkümmert. Schnell stöpselt Schwester Louisa eine Magnesium-Infusion an die Kanüle in meinem Arm. Ich werde ruhiger. Dr. Weindel ist auch herbeigeeilt. Er entnimmt aus meinem anderen Arm Blut, um im Labor eine Blutgasanalyse durchführen zu lassen. Meine Hände und Füße kribbeln von der Hyperventilation. Ich bin wieder mal komplett lahmgelegt, genieße auf diese Art aber auch die plötzliche Aufmerksamkeit. Und werde plötzlich stutzig. Wie sie alle um mich herum huschen und geschäftig tun! Und das alles nur, weil ich mal eben kurz versagt habe. Ist das nicht verblüffend? Da hetze ich jahrelang von Termin zu Termin, um mich zu beweisen, und kaum strecke ich die Segel, rennen alle aufgeregt um mein Bett – dabei hat meine Leistungskurve gerade stolze Negativwerte. Ich mache gerade die Erfahrung, dass ich mit meinem Nichtstun eine Menge Aufmerksamkeit erregen kann. Das kannte ich bisher noch nicht. Ich meinte immer, perfektionistisch und sehr dienstbeflissen bis zur Leistungsgrenze gehen zu müssen, um wertgeschätzt zu werden. Hier achtet man mich, obwohl oder vielleicht gerade weil ich derzeit nicht richtig funktioniere. Ob ich deswegen hier bin, damit mein Leben durch genau diese Erfahrung wieder in die Balance kommt? Es heißt doch so schön: Das Leben strebt stets nach dem Gleichgewicht. Hier kann ich ordentlich Gegengewicht in die Waagschale legen. All dies wird mir bewusst, während die mit Magnesium und anderen Elektrolyten angereicherte Kochsalzlösung in meinen Körper fließt, Dr. Weindel beruhigend auf mich einredet, Schwester Louisa meine Waden mit Pallasit einreibt und Schwester Cho auf meinem Therapieplan den heutigen Termin streicht und für morgen einen neuen einträgt. Die Putzfrauen wischen um das Bett herum, draußen fährt bereits der Servierwagen vor, auf dem das Mittagessen ruht. Ich fühle mich wie die Prinzessin auf der Erbse. Warum bloß bin ich nicht schon viel früher auf die Idee gekommen, krank zu werden? Der ganze Hofstaat um mich herum ist doch eine Freude für eine Einzelkämpferin wie mich, die sich als Post-Ich-AG-Freiberuflerin selbstständig gemacht hatte, als alleinerziehende Egozentrikerin unter galoppierender Ich-Sucht litt und sich nun endlich mal auch auf andere verlassen muss. Und es funktioniert. »Wo Angst ist, kann keine Liebe sein, und umgekehrt«, las ich in meinem psychosomatischen Gesundheitsschmöker. Solche Sätze wirken auf mich wie Serotonin-Wiederaufnahmehemmer: Sie bringen meine Gehirnwindungen wieder auf Trab und sorgen dafür, dass ich manch sinnvollen Gedanken auch wirklich zu Ende denken kann, dass meine Nervenleitbahnen eine andere Richtung einschlagen müssen. Bevor sich aus meinem Knockout jedoch eine handfeste Zwangsneurose manifestieren kann, sollte ich mir endlich kräftig in den Hintern treten und begreifen, dass ich kein schlechter Mensch bin, wenn meine Seele Trauer trägt und die Angst an mir nagt. Dass ich nicht bis an die Zähne bewaffnet in den Krieg ziehen muss, sondern meine Arbeit auch mit einer gewissen Distanz und Gemütsruhe angehen kann. Keine schlechte Bilanz für einen Vormittag, denke ich, während Dr. Weindel die Laborwerte prüft und mir aufmunternd zunickt. Ich habe es überstanden. Ich bin nicht daran gestorben. Mein Herz schlägt wieder ruhig und regelmäßig. Hat sich die Angst noch mal heftig aufgebäumt, um schließlich ganz zu verschwinden? War dies die Reaktion auf die gestrige Meditation? Hat mir die Angst ein letztes Mal einen Streich gespielt? Ich weiß es nicht, doch im Moment ist mir ohnehin alles egal.

Kapitel 4

Konfrontationstherapie

Bevor ich nach Hause darf, soll mein Herz noch untersucht werden. Nun geht es also ans Eingemachte. Fürchtete ich jemals, eine schlimme Herzkrankheit zu haben? Um mein zentrales Organ mache ich mir die größten Sorgen. Jede Angstattacke ist von der Panik dominiert, einen Herzinfarkt zu erleiden. Und nun soll ich dieser Panik ins Gesicht schauen? Konfrontationstherapie nennt man das wohl. Schwester Louisa teilt mir mit, dass ich in einer Stunde zum Ultraschall kommen soll. So lange lenke ich mich ab, indem ich wild in meinem Notizbuch herum kritzle. Frau Schrade und Frau Kahl wollen wissen, was ich denn am Herzen habe. »Nichts«, entgegne ich eine Spur zu heftig. Die beiden wenden sich beleidigt ab. Wahrscheinlich halten sie mich für eine arrogante Hypochonderin. Na, wenn schon. Ich habe keine Lust, mich an den Gesprächen über künstliche Darmausgänge, Einläufe und Patientenverfügungen zu beteiligen. Stattdessen schreibe ich mit dicken Strichen positive Affirmationen in meine Kladde, um mich bei Laune zu halten.

»Ich bin gesund«, ist so ein Satz, den ich drei Mal unterstreiche, während Frau Schrade in plastischen Farben den Werdegang ihrer Darmspiegelung schildert. Als Frau Kahl dann ihren Tabakbeutel hervorkramt und anfängt, sich ihre tägliche Ration Zigaretten zu drehen, wird es mir zu viel. Zusammen mit meiner Kladde verlasse ich wutschnaubend das Zimmer. Ich muss mich konzentrieren, muss eine positive Zukunft visualisieren. Im Park drehe ich ein paar Runden um verwaiste Gartenbänke, die an Sonnentagen sicher ein begehrter Zufluchtsort der Patienten sein dürften. Warum habe ich solche Angst vor einer simplen Ultraschalluntersuchung? Mein Herz stolpert, okay, aber ist das etwa ein Wunder? Schließlich ist mein Leben längst nicht mehr im Rhythmus. Wann habe ich denn zum letzten Mal auf mein Herz gehört? Wann nach meinem Herzen gehandelt? Immer musste es nach meinem Kopf gehen. Er steuerte mich. Ich verließ mich auf meinen Verstand, grübelte tage-, wochenlang über ein Problem und meinte tatsächlich, es durch Hin- und Herwälzen lösen zu können. Hatte ich aber nicht mehrfach gelesen, dass Herz und Verstand zusammen arbeiten sollten, dass die waren Schätze im Herzen verborgen liegen und dass Herzensentscheidungen ein Segen sind für Körper, Geist und Seele. Ich habe jedoch meinen Verstand zum Herrscher über mich selbst gemacht, habe versucht, die Welt mit dem Kopf zu erfassen. Ginge es mir besser, wenn mir eine bessere Balance gelänge zwischen Kopf und ja, der Seele? Gerade, als ich die Gartenbänke zum vierten Mal großräumig umrunde, sehe ich Frau Schrade und

Frau Kahl, wie sie auf den mit Natursteinen gemauerten Raucherpavillon zusteuern. Ich schaue auf die Uhr, ich habe nicht mehr viel Zeit, bald muss ich beim Ultraschall vorsprechen. Ich fühle mich wie vor einem Bewerbungsgespräch. Ich stapfe freudlos wieder ins Innere der Klinik, passiere den Empfangsbereich und schnappe mir ein Pflasteretui, das dort als »Souvenir« des Krankenhauses ausliegt. Darauf prangt ein großes, rotes Herz.

Die Treppe hinunter ins Labor nehme ich im Nu. Der Laborbote kommt mir entgegen mit einem Päckchen voller Blutproben. Er lächelt mir zu. Warum bloß? So gut sehe ich im Jogging-Anzug ja wohl nicht aus. Aber ich lächle zurück. Er sieht gut aus, dürfte gute zehn Jahre jünger sein als ich. Da bleibt er stehen und schaut auf mich zurück. »Was ist?«, frage ich ihn.

»Du hast so schöne Augen«, sagt er.

»Ja, du auch« antworte ich wahrheitsgemäß und muss noch mehr lächeln.

Das kann doch nicht wahr sein. Ich sehe scheußlich aus, finde ich. Ungeschminkt, nicht mal die Haare habe ich mir gekämmt. Ich zucke mit den Schultern und wate schließlich ins Labor, setze mich pflichtschuldigst vor den Sonographie-Raum und warte. Als ich endlich aufgerufen werde, ist meine Aufregung schon fast verflogen.

Dr. Weindel lässt den Blick über meine Akte schweifen und bittet mich, mit nacktem Oberkörper auf der Liege Platz zu nehmen. Er quetscht eine Flasche kaltes Gel auf meiner Brust aus und verreibt die durchsichtige Masse mit dem Schallkopf. Ich überlege, ob ich mir die Ohren zuhalten soll, damit ich sein Gemurmel nicht mitkriege. Aber das wäre kontraproduktiv, schließlich will ich wissen, was mit mir los ist. Ich höre mein Herz in seinem Gerät metallisch schlagen. Es klingt wie die mit Kaugummi verklebte Hi-Hat eines Schlagzeugs. Dr. Weindel ist sehr konzentriert. Ich versuche, an nichts zu denken. Geht aber nicht, weil immer dieser Sound dazwischen funkt. Ich tue so relaxed, wic es mir eben möglich ist, während Dr. Weindel um meine Brüste herum kurvt. Auf dem Monitor kann ich nur eine diffuse schwarze Masse erkennen, die wie Sehnen von weißen Streifen durchzogen ist. Das soll mein Herz sein? Dieses organische Geflecht soll mehr wissen als mein Gehirn? In diesem Zellhaufen soll die Liebe beherbergt sein? Habe ich da etwas nicht richtig begriffen? Denke ich zu sachlich? Zu wenig poetisch? Dr. Weindel unterbricht meine Gedanken, denn er runzelt plötzlich die Stirn. Ich ebenfalls.

»Was ist?«, frage ich. Hat er einen mittelschweren Herzklappenfehler entdeckt? Bin ich am Ende doch dem Tod geweiht? Ist es jetzt aus mit mir?

»Ich kann nichts Genaues erkennen, aber so ganz astrein sieht es nicht aus«, grummelt Dr. Weindel.

»Tschuldigung, geht es auch ein wenig genauer?« Ich rutsche unruhig auf der steinharten Liege herum. Der Monitor hat für mein Empfinden wenig Aussagekraft, er ähnelt dem Störungsbild zur besten Sendezeit.

»Irgendwas ist da, aber ich kann nicht mit Bestimmtheit sagen, was es ist.«

»Nun, das Herz?«, wage ich scherzhaft einzuflechten.

Dr. Weindel reagiert nicht auf meine flapsigen

Bemühungen, die Situation zu retten. Immerhin geht es hier nur um mein Leben.

»Hatten Sie in letzter Zeit mal Fieber?«, fragt er mich.

»Eigentlich nicht, ich hatte nur eine heftige Erkältung, aber kein Fieber, warum?«

»Weil das hier aussieht wie postinfektiöse Verklebungen.«

»So lange es nicht postmortale sind ...«, raune ich. Ich wundere mich selbst, dass ich auf einmal so locker bleiben kann.

Dr. Weindel übergeht auch diese Bemerkung. Er bearbeitet mich stattdessen unbeirrt weiter, quetscht meine Brust mit der Sonde platt und starrt auf den Monitor. Ein echter Profi eben.

»Würde es genügen, wenn ich mich auflösen würde?«, frage ich etwas provokant.

»Ich erkläre Ihnen gerne nachher alles«, antwortet er. Na schön. Ich habe ja Zeit.

Endlich legt Dr. Weindel Schallkopf und Brille weg.

»Ich werde nicht ganz schlau aus dem Bild. Doch ich vermute, Sie haben eine verklebte Herzklappe. Das kann durch einen Infekt entstanden sein. Aber mit Gewissheit kann ich die Diagnose nicht stellen. Dazu brauchen wir weitere Untersuchungen.«

»Welche Untersuchungen?«

»Ein MRT beispielsweise.«

»Also muss ich in die Röhre?«

»Vielleicht würde man aber auch bei einer transthorakal durchgeführten Echokardiographie schon genug sehen.«

»Bei einer was?«

»Bei einer Ultraschalluntersuchung des Herzens von der Speiseröhre aus.«

»Das wird ja immer besser«, protestiere ich. »Warum denn nicht gleich eine Kamera in den Hintern schieben und damit den cerebralen Cortex fotografieren?«

Ich wundere mich selbst, dass ich in dieser Situation noch so viel Humor aufbringe. Dr. Weindel ist Profi durch und durch, verzieht keine Miene.

»Am besten, ich vereinbare gleich einen Termin für Sie. Dann haben Sie es hinter sich.«

Ich füge mich. Bringt ja alles nichts.

»Von mir aus«, knurre ich und erhebe mich endlich.

Dr. Weindel telefoniert. Seinen Worten kann ich entnehmen, dass die Untersuchung im Krankenhaus in Calw gemacht werden soll. Morgen soll ich dort um acht Uhr erscheinen. Nüchtern. Meine Laune sinkt in den Keller. Gerade hatte ich mir ein paar Figur umspielende Fettpolster angefuttert, die mir, wie ich meinte, etwas mehr Substanz und Festigkeit verleihen, und nun sollte ich meinen Magen für eine Ultraschallsonde freihalten. Aber meinetwegen.

Wäre ich nicht inzwischen durch Hektoliter an Stibium und kilometerlange Ingwerwickel stabilisiert, wäre ich wohl auf der Stelle zusammengebrochen. Doch die sanfte Medizin tat ihre Wirkung: Aus der seelischen Seenot bin fürs Erste gerettet, wenngleich ich auch nach geglückter Erstversorgung noch trockengelegt werden muss.

Auf dem Weg zurück in mein Zimmer begegnet mir der junge Kerl mit den Blutröhrchen wieder. Und wieder lächelt er mich an. Ich muss an eine alte

Esoterik-Weisheit denken: Es gibt keine Zufälle. Wahrscheinlich will mir das Universum klarmachen, dass es so schlecht gar nicht um mich bestellt ist.

»Hast du heute schon was vor?«, fragt er mich. Er trägt eine Schildkappe, die ihn noch unwiderstehlicher macht. Er hat einen südländischen Teint, spricht aber akzentfreies Deutsch.

»Ich muss noch zur Blutabnahme«, flunkere ich. Ein Glück, dass er keine Stuhlproben transportiert.

»Jetzt gleich, oder hast du noch ein wenig Zeit?«, fragt er. Warum duzt er mich eigentlich? Und ist das jetzt seine Masche, im Krankenhaus Frauen aufzureißen, deren Widerstand durch das Durcheinander von Serotonin und Noradrenalin längst gebrochen ist?

»Jetzt mal im Ernst«, meint er nur. »Du siehst echt gut aus.«

Der spinnt doch. Ich sehe total heruntergekommen aus.

»Wie heißt du eigentlich?«, frage ich ihn.

»Vedat. Und du?«

»Das ist türkisch, oder?«

»Ja. Und es bedeutet Liebe und Freundschaft. Aber du hast meine Frage nicht beantwortet.«

»Schau morgen auf deine Blutröhrchen. Vielleicht bin ich ja dabei.« Damit drehe ich mich um und gehe.

»Verdammt«, ruft er mir nach. »Da stehen doch keine Namen drauf. Und wenn, einen Hinweis könntest du mir ruhig geben«, schimpft er mir nach.

Ich staune. Der meint es wirklich ernst.

Schwester Louisa hat am nächsten Morgen ihre liebe Mühe damit, mir im Schnellverfahren Blutdruck, Puls und Temperatur zu messen, gleichzeitig die

Überweisungspapiere fertig zu machen und den Fahrer zu organisieren. Die Nacht hatte ich unruhig verbracht. Permanent malte ich mir Worst-Case-Szenarien aus, die sich in Handlung, Dramaturgie und Bühnenbild ständig unterschieden. Ich war eben gut in Kopfkino, keine Frage. Mein Körper quittierte die inneren cineastischen Ereignisse mit Herzrasen, -stolpern sowie ersten Anzeichen eines Restless-Leg-Syndroms. Am liebsten würde ich davonlaufen. Aber dann würden sie mich wahrscheinlich für komplett ausgetickt halten. Ich warte darauf, dass mir Schwester Louisa einen Brustbeutel umhängt mit Namen, Anschrift und EKG-Kurve. Tut sie aber nicht. Also bleibe ich ein mündiger Bürger. Selbstständig und ohne fremde Hilfe erklimme ich die Treppe. Oben wartet schon Bertram. Er ist Zivildienstleistender und damit beauftragt, mich nach Calw ins Funktionszentrum zu bringen. Das klingt unheimlich wichtig. Nun ja, immerhin geht es um mein Herz. Bertram könnte mein Sohn sein. Und plötzlich muss ich an Marvin denken. Er sitzt zu Hause bestimmt schon auf seinem gepackten Tramperrucksack samt Regenhaube. Ihn erwartet nichts Geringeres als die große weite Welt, das Land der Hobbits und die ganz große Freiheit. Ich dagegen hatte mir hier mein eigenes kleines Gefängnis geschaffen. Die Welt um mich herum schien sich immer mehr zusammen zu ziehen – als wollte Gott mit dem Zoom ganz nah rangehen, schaute er mir jetzt sogar in mein heiligstes Organ hinein.

Bertram ist ein guter Fahrer. Er nimmt jede Kurve mit viel Bedacht, als würde ich mit offenem

Oberschenkelhalsbruch auf der Rückbank liegen. Das Radio lässt er ausgeschaltet. Wahrscheinlich steckt eine CD mit Heavy Metal-Musik im Schlitz, und er will mich nicht aufregen. Wir fahren durch Bad Liebenzell. Endlich bekomme ich auch eine Innenansicht dieser Stadt geliefert, bislang hatte ich sie nur in der Vogelperspektive von unserem Berg aus betrachten können. Aber offenbar war heute der Tag der Konfrontation. Oder sollte ich besser »Begegnung mit dem eigenen Herzen« sagen? Bertram kommt nach kurzer Fahrt vor einem hohen Klinikgebäude in Calw zum Stehen. Er stellt das Auto auf dem Parkplatz für Krankentransporte ab. Ich denke wieder an Marvin, der bald mit einer Boeing 777 abheben wird. Ohne Krankenversichertenkarte. Bertram begleitet mich zum Funktionszentrum und regelt die Formalitäten. Ich komme mir immer mehr wie eine Schwerkranke vor. Die Abteilung, in die wir nach vielen durchmarschierten Fluren gelangen, ist ein Sammelsurium an Röntgen-, MRT-, CT- und Ultraschallräumen. Sehr heimelig also. Selbst die Blumen zwischen den Wartestühlen wirken steril. Bertram will mich wieder verlassen. Ich kann es ihm nicht verübeln. Zum Glück habe ich ein kleines, aufheiterndes Büchlein dabei, ein Kompendium an klugen Sinnsprüchen, die ich auf ex lese, während mein Herz der bevorstehenden Untersuchung offenbar auszuweichen versucht, denn es stolpert sehr unregelmäßig in meiner Brust herum. »Horche auf den Herz und folge ihm«, lese ich in Robert Betz »Kleinem Führer zum großen Erfolg«. »Seine leise Stimme spricht ständig zu dir. Nimm dir Zeit und Ruhe, ihr zu lauschen. Dein Herz ist der beste Führer für dich, denn dein Herz ist ›online‹ mit Gott verbunden.« Meine Güte! Und warum schlägt Gott jetzt derart Alarm? Bin ich vermutlich auf dem falschen Dampfer? Bin ich am Ende gar nicht krank, sondern habe nur verlernt, mein Leben von innen heraus zu lenken? Und muss daher von außen ins Zentrum geführt werden, um mich mit meinem Herz zu verbinden und um fortan aus dieser Mitte heraus zu agieren?

Immer mehr wartende Patienten gesellen sich zu mir. Ich kann nicht mehr unterscheiden, ob mein flaues Gefühl im Magen aus Hunger oder Angst resultiert. Ich lese weiter: »Nimm deine Wünsche ernst, schreibe sie auf und entscheide dich für ihre Erfüllung. Beanspruche, was dein Herz glücklich macht und geh in die freudige Erwartung. Deine Wünsche sind Gottes Wünsche.« Ich halte inne. Was sind noch mal meine Wünsche? Gesund sein, das vor allem. Mit einem Seufzer wende ich mich erneut den Zeilen zu: »Wer nur stark sein will, muss scheitern. Wer schwach sein kann und sich seiner Schwäche nicht schämt, ist wirklich stark. Erlaube dir deine schwachen Seiten und öffne dein Herz für sie. Erlaube dir Verletzlichkeit, nimm Hilfe an, schütte dein Herz aus.« Ich blicke hoch. Weiß bekleidete Menschen mit Piepser im Kittel huschen geschäftig vorbei. Ob ich hier mein Herz ausschütten kann? Hätte ich das nicht schon längst tun sollen? Hätte ich nicht schon längst eingestehen sollen, dass mir alles zu viel wurde? Dass ich Hilfe brauchte - und sei es nur beim Geschirrspülen? Ich war einfach zu stolz dazu gewesen, hatte gemeint, es allen, und vor allem mir, beweisen zu müssen. Irgendwann war dieser Stolz einer gefährlichen Resignation gewichen. Ich funktionierte nur noch, schaltete auf Autopilot. Auf mein Herz hörte ich schon lange nicht mehr, vielmehr lag die Kommandozentrale unter meiner Schädeldecke. Dass diese dann aber unter dem Gewicht kapitulierte und von Volllast auf Stand-by-Modus umstieg, verwundert nun kaum.

»Wer die Schwäche ablehnt, den muss das Leben in die Schwäche zwingen, aus der Senkrechten in die Waagerechte – spätestens am Ende des Lebens als Pflegefall«, las ich weiter. So vieles wird mir nun bewusst, während ich darauf warte, dass mir ein Ultraschallkopf in den Magen geschoben wird. In den letzten beiden Wochen war die Waagerechte meine bevorzugte Position gewesen. Doch das Leben hatte es dennoch gut mit mir gemeint, denn ich zapfe neue Energie aus Levico-Spritzen, ein Aufbaumittel aus Levico Terme im Trentino, das mir – zusammen mit etwas Ruhe und Einsicht – genügt, um gesund zu werden. Ich brauche keinen Defibrillator, keinen Luftröhrenschnitt und keine Operation, sondern nur das Wunderwasser subkutan und ein paar aufmunternde Worte. Gott hatte mir lediglich auf unmissverständliche Art das Stopp-Schild hochgehalten. Ich schrecke hoch. Irgendwoher höre ich meinen Namen. Ich bin dran.

Das Untersuchungszimmer ist ein nüchterner Raum mit viel Technik. Die Ärztin heißt Jessica. Ich werte das als ein gutes Zeichen. Abermals soll ich es mir oben ohne auf einer brettharten Liege bequem machen. Und wieder strecke ich dem medizinischen

Fachpersonal meine Brüste entgegen und hoffe, dass jetzt endlich alles gut wird. In welchen Thriller bin ich hier bloß geraten? Wirken die sich selbst erfüllenden Prophezeiungen derart gut, dass ich durch meine Angst, meine negativen Gedankenspiralen und meinen kompletten Lebensfrust Akteure wie Kardiologen, Psychologen und Assistenzärzte auf meine Lebensbühne gerufen hatte? War das in der Esoterik-Szene viel gerühmte Gesetz der Anziehung am Ende eine unausweichliche Tatsache? Die Ärztin tut nun das, was Dr. Weindel bereits getan hatte: Sie untersucht mein Herz. Und runzelt die Stirn.

»Diesen Akt hatten wir schon«, entfährt es mir in Gedanken. Klappe, Aktion, die nächste Szene bitte. Aber ich komme nicht dazu, der Situation durch Sarkasmus weiter zu entfliehen, denn die Kardiologin mit dem schönen Namen schaut auf einmal sehr ernst. Ich frage, was los ist. Sie schweigt, steht auf und verschränkt die Hände hinter dem Rücken. Dies finde ich sehr verdächtig.

»Ich kann nicht feststellen, was es ist, aber völlig harmlos sieht es ganz und gar nicht aus«, sagt sie. »Auf dem Bild erscheint ein Schatten, der alles Mögliche sein könnte.«

Noch versuche ich, die Situation zu retten: »Sieht er etwa aus wie die Landkarte von Neuseeland?«, frage ich provokant.

Die Ärztin, deren Nachname ich völlig vergessen habe, lächelt.

»Es könnten Verklebungen sein, aber auch eine Raumforderung.«

Jetzt schrecke ich hoch. Eine Raumforderung? Im Herzen? Und ich dachte, ich hätte nur eine Depression. Es dauert eine Weile, bis ich wieder sprechen kann.

»Was …?« Mehr fällt mir nicht ein.

»Es kann auch ein gutartiger Tumor sein, das müssen wir erst abklären.«

»Wie würde man denn therapieren, wenn es ein gutartiger wäre?«

»Bitte lassen Sie uns erst alle Untersuchungen machen. Es bringt nichts, jetzt die Eventualitäten abzuklopfen. Wir werden jetzt das TEE, die Ultraschall-Untersuchung des Herzens über die Speiseröhre, machen. Dann wissen wir mehr. Sind Sie noch nüchtern?«

Ja, verdammt!

»Bis auf ein paar Tropfen Bachblüten habe ich weder gegessen noch getrunken«, antworte ich wahrheitsgemäß.

»Prima, dann bekommen Sie von uns jetzt eine kleine Narkose.«

Ich will ohnehin nichts mehr hören und sehen. Ich bin an einem Punkt, an dem es heißt: Hopp oder top. Was aber, wenn es hopp heißt? Ich denke an meine Kinder. Eine tiefe Traurigkeit beschleicht mich. Ich blicke auf den Monitor des Ultraschallgerätes, der die abgespeicherte Aufnahme meines Herzens zeigt. Die Raumforderung sieht tatsächlich aus wie die Nordinsel von Neuseeland. Muss ich sterben? War's das? Marvin wird in wenigen Tagen in den Flieger steigen. Was kommt nach dem Tod? Nie und nimmer ist meine Existenz dann vorbei. Ein Teil von mir bleibt bestehen. Raum und Zeit spielen keine Rolle. Neuseeland ist hier. Der Tod ist kein Ende, sondern ein Hinübergehen. Es wird leichter, wenn ich das akzeptiere und das Kämpfen aufgebe. Ich sollte aufhören, dem Leben auszuweichen.

»Sind Sie bereit?«, fragt Jessica, die Kardiologin.

Sie schiebt mir eine Art Beißring zwischen die Zähne, so dass mein Mund offen bleibt, und spritzt mit einer Flasche, die aussieht wie das Mittel, mit dem ich immer die Türschlösser meines Autos einöle, damit sie im Winter nicht gefrieren, Flüssigkeit in den Rachen. Sofort macht sich ein Taubheitsgefühl breit. Ich werde ganz still. Selten zuvor habe ich eine solche Akzeptanz gespürt. Und alles wird einfach.

»Ich vertraue Ihnen«, hallt meine Stimme total unartikuliert zwischen dem Beißring hervor. Ich sage das mehr zu mir selbst als zur Ärztin. Dann wird es dunkel um mich.

Ich wache mit einem Schluchzen auf. Jessica, Benjamin und Marvin: Alle drei sind mir derart gegenwärtig, als säßen sie an meinem Bett. Ich denke an nichts anderes und schluchze. Es ist mehr ein erleichterndes Aufheulen als eine hervorbrechende Traurigkeit. Ich weiß instinktiv, dass alles gut ist. Und schluchze dennoch weiter. Noch bin ich benommen. Ich spüre eine Liebe zu meinen Kindern, die größer ist als Krankheit und Tod. Ich weiß nicht, wie lange ich da so gelegen habe und in ein braunes Papiertuch geschluchzt habe. Als die Ärztin an mein Bett tritt, sehe ich ihr schon an, dass sich der schlimmste Verdacht nicht bestätigt hat. Es ist ein intuitives Wissen, das sich nicht erklären lässt. Es ist einfach da.

»Es ist alles in Ordnung. Wir konnten keine intrakardiale Raumforderung feststellen. Vielmehr einen etwas zu prominent geratenen Papillarmuskel.«

Unwillkürlich muss ich lächeln. Ein prominent geratener Papillarmuskel. Mein Herz muss sich ganz schön ins Zeug legen, damit es von mir wahrgenommen wird.

»Kann ich damit alt werden?«, frage ich.

»Uralt. Sie haben eine zur Herzbasis hin zu ausgeprägte Myokardausdünnung, die kurz vor dem Klappenring wieder in eine normale bis leicht vermehrte Wandstärke übergeht.«

»Aha! Kriege ich das auch alles schriftlich?«

»Ja, sicher. Ich schreibe einen Befundbericht für Dr. Weindel.«

Wenn es Wunder gibt, so habe ich gerade eben eines erlebt. Gott sei Dank!

Bertram ist pünktlich. Nur ich nicht. Die Narkose lässt nur langsam nach, sie haben mir ein wenig mehr gegeben, als ursprünglich geplant, weil ich so unruhig gewesen bin.

Es fühlt sich gut an, diese plötzliche Ruhe. Keine nervenden Gedankenkarussells, keine Gefühls-Achterbahnfahrt. Nur das tief empfundene Wissen, dass alles gut ist. Dies vor allem nehme ich mit nach Hause. Die Angst führte mich bis in die Funktionsabteilung, wo ich ihr direkt in die Augen blickte: Es ist die Angst vor dem Tod, die alle weiteren Ängste schürte. Hier bei Dr. Jessica musste ich mich, wenn auch nur für wenige Minuten, mit den Gedanken vertraut machen, vielleicht zu sterben oder zumindest eine schwere Operation am offenen Herzen überstehen zu müssen. Was mir dabei am meisten leid tat, war das Leid, das meine Kinder dabei empfinden würden. Und da muss ich plötzlich an Frau Kahl denken. Sie ist wirklich sterbenskrank - und sorgt sich doch in erster Linie um die Trauer, die ihr Sohn empfinden wird, wenn sie nicht mehr da ist.

Als ich dann endlich soweit startklar bin, ist Bertram nicht mehr da. Also muss ich wieder warten. Diesmal aber geht es mir gut dabei. Ich genieße die Ruhe, die sich in mir ausgebreitet hat. Wieder krame ich das kleine Büchlein von Robert Betz hervor. »Das Ziel unseres Lebens ist es, zu erkennen und zu lieben: Uns selbst, alles andere, das Leben. Und zu begreifen, dass Gott eins ist mit der Liebe. Gott ist Liebe, wir sind Liebe in ihm, denn es gibt keine Trennung zwischen uns und Gott. Er ist mitten in uns, spricht ständig zu uns - besonders durch unsere täglichen Erfahrungen.« Wie wahr. Das weiß ich jetzt.

Eine halbe Stunde später ist Bertram wieder da. Lässig schlendert er den Gang entlang. Als er mich auf dem Stuhl erblickt, lächelt er. Ich lächle zurück. Zusammen passieren wir erneut zahlreiche Flure, bis wir das Klinikgebäude verlassen haben. Im Auto fragt er mich, ob er das Radio anmachen darf.

»Ja, bitte«, antworte ich.

Joan Baez singt: »Oh deep in my heart, I do believe, we shall overcome some day.«

Ich frage Bertram, ob er Joan Baez kennt. Er nickt. In seinem Alter ist das nicht selbstverständlich.

In der St. Vincentius-Klinik angekommen, freue ich mich auf mein Frühstück. Aber stattdessen steht schon der Servierwagen für das Mittagessen vor meinem Zimmer. Es gibt Rote Beete mit Meerrettichfüllung. Das habe ich noch nie gegessen. Aber es schmeckt gut. Plötzlich finde ich es sehr sinnvoll, mal neue Wege zu gehen und andere Lebensweisen auszuprobieren. Warum denn immer am Alten, Gewohnten festhalten? Nur weil man Angst hat vor dem Neuen? Wie viele bedeutende künstlerische Werke sind entstanden, weil irgendjemand den alten, ausgetretenen Pfad verlassen hat, neue Gedanken gedacht und neue Möglichkeiten ausprobiert hat? Rote Beete mit Meerrettich? Es schmeckt wunderbar.

Morgen soll ich entlassen werden, erfahre ich nach dem Essen. Dr. Weindel ist mit meinen Fortschritten zufrieden. Noch zufriedener ist er, weil mein Herz in Ordnung ist. Für heute steht noch an: ein Schafgarbenwickel zur Unterstützung der Leber, eine Fußeinreibung mit Plumbum-Salbe, um mich zu erden, eine Infusion mit Stibium, damit ich »runterkomme«, und eine rhythmische Massage mit anschließender Bienenwachsauflage. Ich bin also sehr beschäftigt und komme nicht dazu, irgendwelchen trüben Gedanken nachzuhängen. Die anthroposophische Medizin ist ein wahrer Segen. Ich werde gewickelt, gewachst, eingerieben und rhythmisch bearbeitet, bekomme fertige Mahlzeiten serviert und natürliche Heilmittel injiziert. Das Pflegepersonal gibt mir zu keiner Minute den Eindruck, lästig zu sein. Keiner tut hier stereotyp seine Pflicht. Alle nehmen sich die Zeit, mich nicht nur mit Medikamenten abzufertigen, sondern sind wirklich um mein Wohlbefinden besorgt. Die Schwestern fragen, wie es mir geht und warten tatsächlich meine Antwort geduldig ab.

Pfleger Thorsten weiß allein schon dadurch, indem er mir genau in die Augen schaut, was das Stimmungsbarometer anzeigt. Schwester Cho bleibt trotz meiner Abneigung gegen heildynamisches Schreiten von Zimmerecke zu Türzarge aufmerksam und rücksichtsvoll. Ich fühle mich hier angenommen trotz oder gerade wegen meiner Schwächen. Schwester Louisa hält vor dem Schafgarbenwickel oder einer Lebereinreibung mit Ferrumsalbe stets etwas inne, um die richtige innere Haltung herzustellen. Ich fühle, sie macht es mit einer bewussten Aufmerksamkeit, die meiner Leber nur gut tun kann. Sie ist mit ganzem Herzen bei der Sache. Mir dämmert, dass es vor allem die Liebe ist, mit der die Fachkräfte hier ihre Patienten unterstützen. Inzwischen haben sie mich hier so weit, dass ich an zu Hause denken kann, ohne die Hände über dem Kopf zusammen zu schlagen. Es ist mir möglich, an eine Zukunft ohne hammerharten Stresslevel zu glauben, einen Alltag, in dem ich mich auch mal zurücklehne und nur die Welt um mich herum betrachte, ohne in blinden Aktionismus zu verfallen. Ja, inzwischen kann ich mir all das vorstellen, wenn ich auch noch nicht genau den Bogen raus habe, wie genau das ablaufen soll. Doch das Stibium träufelt weiter in meine Blutgefäße ...

Es fällt mir fast ein wenig schwer, mich zu verabschieden, so sehr habe ich Dr. Weindel, Schwester Louisa und Pfleger Thorsten ins Herz geschlossen. Das Packen dauert nicht lange, viele Sachen hatte ich gar nicht dabei. Ich war nicht auf einen zweiwöchigen Klinikaufenthalt vorbereitet gewesen. Frau Schrade und Frau Kahl stecken wieder die Köpfe zusammen, als ich anfange, im Gemeinschaftsbad auszuräumen. Beide haben sie bereits ihre täglichen Zigarettenrationen gedreht, die jetzt auf dem Nachtisch neben den bunten Pillenhütchen liegen. Frau Schrade scheint jeden Tag dünner zu werden. Ihren kahlen Kopf hat sie heute in ein fliederfarbenes Tuch gehüllt. Inzwischen darf sie wieder Zwieback und Knäckebrot essen, strenge Schonkost ist angesagt. Ich muss abermals an die Rote Beete mit Meerrettich denken. Ich halte beim Packen inne und drehe mich um. Wie lange sie wohl noch zu leben hat? Ist es einem ab einem bestimmten Punkt egal, ob man seinem Körper noch weiteren Schaden zufügt? Qualmt sie deshalb so unbekümmert weiter? Ist man als Todkranker glücklich über jedes bisschen Genuss, das man seinem Körper abtrotzen kann? Kommt man irgendwann soweit zu denken: Das bisschen Zeit, das ich noch habe, will ich - über alle Schranken und Konventionen hinaus - ganz bewusst und mit dem größtmöglichen Maß an Freude verbringen, selbst wenn ich dabei den Krebszellen weitere Nahrung liefere? Ich nehme mein Büchlein von Robert Betz, das bereits in der Reisetasche verstaut ist, heraus und gebe es Frau Schrade. Sie schaut mich verblüfft an.

»Das schenke ich Ihnen«, sage ich. »Und ich wünsche Ihnen alles Gute, viel Freude und - Gesundheit.«

Frau Schrade muss lachen. Dabei habe ich es ernst gemeint, doch es klang wohl wie Ironie. Trotzdem scheint sie sich über mein Geschenk sehr zu freuen.

Für Frau Kahl habe ich leider kein passendes Buch, aber da fällt mir etwas anderes ein. Ich stöbere in der Reisetasche nach meiner Kladde und reiße daraus ein paar Seiten aus. Sie enthalten Sätze, die mir Mut gemacht haben, Gedankenfragmente, die mich in schweren Stunden aus dem Tief rissen. Meine Kladde ist wie ein Schatz, der mir immer die Motivation gibt, weiterzumachen. Vielleicht können diese Ideensplitter auch anderen Menschen gute Wegweiser sein.

Frau Kahl ist kein bisschen überrascht. Mein außergewöhnliches Geschenk scheint sie nicht zu verwundern. Im Gegenteil.

»Ich habe mich immer gefragt, was Sie da so eifrig immer in Ihr Notizbuch schreiben«, gesteht sie fast ein wenig schüchtern.

»Es sind Zitate von großen Dichtern und Denkern, die ich für bedeutend halte und die ich deshalb notiert habe«, erkläre ich. »Und es sind auch ein paar eigene Erkenntnisse darunter. Vielleicht sind auch Impulse für Sie dabei.«

Frau Kahl bedankt sich sichtlich erfreut.

Und ich bemerkte zum ersten Mal seit langem wieder, wie sehr es mich freut, anderen eine Freude zu machen. Als ich weiterpacken will, sehe ich, dass die Karte von Simon auf dem Boden liegt. Ich hatte sie in meiner Kladde verstaut, wo sie wohl rausgefallen war. Simon! Ob ich ihn jemals wieder sehen werde?

Als Marvin kommt, um mich abzuholen, habe ich mich bereits von allen verabschiedet. Den Weg nach Bad Liebenzell hat Marvin nur durch Umwege gefunden – trotz Navigationsgerät. In Pforzheim und in Bretten hat er sich wegen zahlreicher Umleitungen und Baustellen total verfahren. Ich frage mich, wie er sich am anderen Ende der Welt wohl zurecht finden wird. Noch immer ist mein Gluckeninstinkt aktiv. Ich freue mich, ihn wieder zu sehen. Jessica ist auch mitgekommen. Ein Gefühl der Liebe überflutet mich. Ein Gefühl wie Heimkommen. Ich drücke meine beiden Kinder an mein Herz. Wenn sie wüssten, wie viel Halt sie mir geben. Jahrelang habe ich ihnen Halt gegeben, jetzt ist es umgekehrt. Vielleicht ändert sich das auch wieder. Ich fühle mich noch sehr unsicher, so wie damals nach der Entbindung. So, als müsste ich mich erst wieder an den Zustand ohne Schwangerschaftsbauch gewöhnen. Und im Grunde war es auch eine Art Entbindung, die ich in Bad Liebenzell erlebt habe. Ich brauchte zwei Wochen, um loszulassen. Die Geburt meiner Kinder brachte ich schneller über die Bühne. Auch wenn es keine Nabelschnur war, die jetzt durchgeschnitten werden musste, so waren es doch die energetischen Schnüre, die mich noch fest an meine Kinder banden und die es so schwer machten, sie ziehen zu lassen. Jetzt fühle ich mich freier von den Sorgen um Marvin. Stattdessen ist so etwas wie Vertrauen gewachsen. Ich habe die Erfahrung gemacht, dass ich nicht mal die Kontrolle über mich selbst aufrechterhalten kann und mit dem festen Entschluss zu vertrauen weitaus besser fahre.

Marvin ist zwar ein sicherer Autofahrer – doch auch hier muss ich mich im Vertrauen üben. Das geht besser von der Rückbank aus, wo ich keinen Überblick habe. Ich versenke mich in mein diffuses Gefühl, das mir noch kein grünes Licht für Arbeit, Alltag und Abrackern signalisiert, aber von Rot auf ein vages Ockergelb umgeschaltet hat.

Kapitel 5

Liebe statt Angst

Zu Hause erwarten mich ein Berg Wäsche, ein Stapel Post in XXL, ein wild blinkender Anrufbeantworter und 95 ungelesene E-Mails. Ich frage mich, wer mir heute Abend die Herzauflage mit Aurum-Salbe macht, wer mir die Waden mit Pallasit einreibt und meinen Puls misst. Ich fürchte, ich muss diese Aufmerksamkeit für mich jetzt selbst aufbringen. Ich ignoriere sämtliche Mahnungen per Post oder Fax, lasse verdächtig aussehende E-Mails von den Redaktionen ungelesen und klicke sie schnell weg. Aufträge en masse. Ich könnte arbeiten bis zum Umfallen. Was ich ja auch getan habe. Aber will ich das immer noch? Ein Schreiben flattert von oben auf meinen Schreibtisch. Marvin steht neben mir und zeigt mir sein Visum. Die Arbeitserlaubnis für Neuseeland ist ein ganzes Jahr lang gültig. Meine Güte. Ein Jahr! Der Flug geht nächsten Montag. Die große Freiheit winkt. Und ich? Will ich mich weiter dem Diktum meiner Auftraggeber unterwerfen, oder will ich auch frei sein? Ich denke an die Inselschönheiten im Pazifik, an ein landschaftliches Wunder, an Gelbaugenpinguine und an einsame Fjorde. Ich blicke auf meinen Anrufbeantworter. Er blinkt immer noch. Es ist ein aggressives Blinken, das mich auffordern will, die Nachrichten sofort abzuhören. Vermutlich will mich der Vorsitzende des kurpfälzischen Sängerbundes dringend zur Ehrung langjähriger Mitglieder mit Urkundenverleihung einladen. Und der Beisitzer des Deutschen Roten Kreuzes hofft wohl, ich bringe ein Bild mit den Geehrten, die die Spendennadel in Gold mit eingraviertem Lorbeerkranz bekommen haben, groß raus. So wie immer. Der stellvertretende Vorsitzende des Abwasserschutzzweckverbandes wundert sich sicherlich, dass ich bei der letzten Sitzung nicht dabei war, um über die umstrittene Sanierung des Tosbeckens zu berichten. Und ich wette, die Katzenzuflucht bittet mich, wieder einen rührenden Spendenaufruf zu veröffentlichen. Ich wäre ja auch gerne zu allem bereit. Nur jetzt nicht. Heute nicht und morgen auch nicht. Ich stehe vorerst nicht zur Verfügung.

Jessica erzählt, es habe sich schon wieder jemand vor den Zug geworfen. Diesmal ein 15-jähriges Mädchen. Wieder aus ihrer Schule. Und wieder reden sie im Unterricht über die Krankheit Depression. Ich frage mich, was hier im Busch ist. Wie viele Menschen müssen sich noch in den Tod stürzen, bevor ein Depressiver ohne Stigmatisierung leben kann? Wie viel Leid spielt sich hinter der Maskerade an gesellschaftlich angepasstem Verhalten ab? Und wie lange kann ein Mensch diesen Zwiespalt ertragen? Wann zerbricht er daran? Wie aber gehe ich selbst mit dieser Krankheit um? Klingt Burnout-Syndrom nicht viel edler als Depression? Hat es nicht etwas von Edelmut, von bewiesenem Kampfgeist in unserer Ellenbogengesellschaft, mit einem Burnout flach zu liegen? Allerdings, ganz ohne ist das nicht. Ausgebrannt drohen andere Krankheiten, die schnell lebensbedrohlich werden können. Eine Depression aber wird tabuisiert, unter den Teppich gekehrt, verkannt und weggedrückt, bis der Druck für die Betroffenen zu groß wird. Psychischen Krankheiten haftet noch etwas Unheimliches an, dabei könnte den Leidenden eine große Last von den Schultern fallen, wenn sie ihre erdrückende Trauer, ihre Schwermut, Schlaflosigkeit und Unkonzentriertheit nicht länger verdrängen und verleugnen müssten.

Was fange ich nun an mit meiner Krankheit, meinem veränderten Leben und meinen neu gewonnenen Einsichten? Marvin hat schon gepackt. Wohin aber soll für mich die Reise gehen? Ich packe aus, während Marvin schon auf dem Absprung ist. Da fällt mir wieder die Karte von Simon in die Hände. Schon wieder. Ich habe nichts als seine E-Mail-Adresse. Vielleicht sollte ich ihm schreiben.

Die ersten Tage zu Hause fühle ich mich wie im Wochenbett. Ich liege oft flach und hüte meine Depression. Ich kann mich den neuen Aufgaben noch nicht stellen. Die Umstellung macht mir zu schaffen. Es ist alles so ungewohnt. Ich bin nicht mehr die Alte, die von Termin zu Termin hetzt und zwischendurch eine dreigängige Mahlzeit kocht. Schwester Louisa ist aber auch nicht mehr an meiner Seite, so dass ein ganzer Tag im Bett gerechtfertigt wäre. Ich fühle mich seltsam zwischendrin. Zwischen dem Alten und dem Neuen. Die Kinder bewältigen den Haushalt nahezu selbstständig. Na bitte, war mein Blackout ja doch für etwas gut. Sie gehen außerdem sehr vorsichtig mit mir um, so, als ob sie das zart keimende Pflänzchen Gesundheit nicht zertreten wollten.

Das Loslassen lerne ich dann im Terminal 2. Marvin steht mit seinem Tramperrucksack auf dem Rücken beim Eincheckschalter in der Schlange. Ich schiebe mich sukzessive mit ihm vorwärts. Sein Flug geht erst in drei Stunden. Wenn er abhebt, muss ich auf dem Boden meiner selbst gelandet sein, sonst wird es schwierig. Wieder geht es einen halben Meter vorwärts. Die Minute der Entscheidung naht. Ich bin fest entschlossen, ihm meine Trauer nicht zu zeigen. Wir sind beide wortkarg.

»Hast du dein Survivalmesser eingesteckt, das ich dir zum Geburtstag geschenkt habe?«, frage ich, nur, um etwas zu sagen.

»Ja, und auch das Picknickbesteck, das Fernglas und den Kompass.«

Ich verstumme. Ja, ich habe ihn mit allem ausgerüstet, was er brauchen könnte. Sogar einen schwarzen Turmalin-Stein habe ich ihm mitgegeben, der soll ihm Glück bringen. Ich konnte es mir außerdem nicht verkneifen, ihm die »Wunderbare Medaille« der Schwester Katharina Labouré an einer Goldkette mitzugeben. Am 27. November 1830 soll ihr in der Kapelle der Barmherzigen Schwestern in Paris die Jungfrau Maria erschienen sein. Von den Händen der Gottesmutter sollen leuchtende Strahlen ausgegangen sein, und um die Erscheinung habe sich ein ovaler Rahmen gebildet, sagt die Legende. In diesem soll in Gold geschrieben gewesen sein: »O Maria, ohne Sünde empfangen, bitte für uns, die wir zu dir Zuflucht nehmen.« Schwester Katharina soll die Worte vernommen haben: »Lass nach diesem Vorbild eine Medaille prägen. Alle, welche sie tragen, werden große Gnaden empfangen. Die Gnaden werden überreich sein für jene, die sie mit Vertrauen tragen.«

Die Wunderbare Medaille der Unbefleckten soll Marvin jetzt Schutz bieten. Ich bin fest davon überzeugt, dass das funktioniert. Und es gibt mir das Gefühl, dass er in Sicherheit ist. Wieder geht es einen halben Schritt vorwärts.

»Vergiss nicht, Otto zu füttern«, meint Marvin. Seine Wasserschildkröte fristet zwar ein genügsames Dasein, ab und an benötigt sie dennoch wenige Krumen Futter.

»Ja, geht in Ordnung. Und du halt dich von den Maori-Kriegern fern.«

»Klar, wenn's brenzlig wird, tauche ich bei den Hobbits unter.«

Wie viel Zeit wird er wohl brauchen, um die 1.800 Kilometer von der Nordspitze bis nach Stewart Island kennenzulernen? Vielleicht kommt er ja nie wieder? Ich werde von hinten angeschoben, habe wohl nicht darauf geachtet, dass es wieder einen Zentimeter weiter ging. Ich trage den kleinen Handrucksack, den er mit an Bord nehmen wird. Darin sind meine alte Nikon und mein Netbook eingepackt. So habe ich zumindest die technischen Voraussetzungen geschaffen, dass er mit mir in Kontakt bleiben und mir Eindrücke von seiner Reise schicken kann. Wir nähern uns dem Schalter, wo Koffer für Koffer auf einem langen Transportband verschwindet. Ich werde unruhig. Sehe aber langsam ein, dass der Junge bis ans andere Ende der Welt reisen muss, um offensichtlich zu realisieren, was ich bislang nie wagte. Eine vage Erkenntnis, die im Trubel des Flughafens durchsickert. Schließlich ist er dran. Er muss Flugticket und Pass vorlegen. Jetzt muss es schnell gehen. Den schweren Rucksack hievt er auf das Band. Die Bordkarte in der Hand soll er jetzt weitergeschleust werden zur Leibesvisitation und zum Röntgen seines Handgepäcks. Bleibt also nicht mehr viel Zeit, um Adieu zu sagen. Auf einmal werde ich sentimental.

»Tschüss dann, bis nächstes Jahr«, sagt er knapp.

Ich drücke ihn fest an mich. Dann drücke ich ihn wieder weg, um ihn endlich gehen zu lassen. Und da passiert es doch: Ich heule los. Ohne Ankündigung laufen mir die Tränen über die Wangen.

»Tschüss, und pass auf dich auf, ja?«, rufe ich ihm noch hinterher.

»Klar doch, Mama.« Und er verschwindet durch den nächsten Metalldetektor.

So schnell, wie ich dachte, ist dieser Depression doch nicht beizukommen. Ich habe immer noch wenig Kraft, wenn auch deutlich mehr als vor meiner Klinikeinweisung. Inzwischen nehme ich seit zwei Wochen ein Antidepressivum, das langsam zu wirken scheint. Meine Aufgedrehtheit ist gedämpft, die Symptome lassen allmählich nach.

»Das dauert«, hatte mir Dr. Weindel noch versichert. Das ist schwer zu akzeptieren, wenn man doch endlich gesund werden möchte. Mein Hausarzt legt mir ans Herz, einen Reha-Antrag zu stellen. Der Aufenthalt in Bad Liebenzell habe der Krankheit lediglich die Spitze genommen, die Ursachen aber gingen viel tiefer. Ich lasse mir die Unterlagen zuschicken. Es ist ein ganzer Berg Papierkram, den ich ausfüllen muss. Jetzt, da meine beiden Söhne ausgezogen sind, fühle ich mich wie freihändig auf einem Schwebebalken. Ich habe nichts mehr zum Festhalten, und das Vorwärtskommen fällt schwer. Da kommt mir die Idee, doch einfach die Ebene zu wechseln und den festen Boden vorzuziehen. Wie geht es in meinem Leben weiter? Nutze ich die Chance und ändere ich etwas, oder gehe ich zurück in mein altes Leben?

»Auf gar keinen Fall«, protestiert meine innere Stimme.

Die Krise also als Chance sehen und einen Neustart wagen? Aber wie? Einfach Dinge tun, die ich bislang nicht gewagt habe? Aus Zeitnot, Überlastung oder Feigheit. Womit fange ich an? Ich schaue auf meinen Terminkalender. Morgen habe ich einen Termin beim Psychiater. Vielleicht weiß der was.

Im Wartezimmer treffe ich eine ehemalige Schulfreundin. Marita sieht schlecht aus. Sie fragt mich, warum ich hier bin. Wir sitzen nicht alleine im Wartezimmer, also zögere ich. Soll ich ihr jetzt vor all den Leuten sagen, dass ich Depressionen habe? Ich denke an die Menschen, die sich vor den Zug werfen.

»Ich hatte Depressionen«, antworte ich kühn. Ich wähle bewusst die Vergangenheitsform, um meinem Unterbewusstsein zu suggerieren, dass der Spuk endlich vorbei ist.

»Ich habe sie noch«, gesteht nun Marita.

Ich bin erstaunt über ihre Offenheit. Im Wartezimmer herrscht plötzlich eine gespenstische Stille. Alle blicken hochkonzentriert in ihre Illustrierten.

Wir lächeln uns zu. Wie befreiend doch die Wahrheit sein kann. Ein Gefühl der Dankbarkeit macht sich in mir breit. Ja, die Wahrheit. Ich will mich befreien von der Maskerade, will keine Marionette mehr sein, die perfekt am Faden ihrer Auftraggeber tanzt. Mein Name wird ausgerufen. Ich bin dran.

Dr. Suhrer ist ein fröhlicher Mensch. Er macht einen sehr lockeren Eindruck. Er verkriecht sich nicht hinter dem Computer oder in meiner Akte, sondern blickt mich aufmerksam an. Offenbar habe ich mit Ärzten großes Glück. Das Zimmer wirkt freundlich, viele Grünpflanzen ranken sich an der Wand entlang. Als ich ihm meine Leidensgeschichte in der Kurzfassung schildere, unterbricht er mich mit der Frage aller Fragen:

»Haben Sie einen Partner?«

Ich schlucke.

»Nein. Ich bin mit meinem Job verheiratet.«

»Aber Sie wünschen sich einen Partner?«

»Ja, im Grunde schon. Ich fühle mich manchmal sehr einsam«, gestehe ich wahrheitsgemäß. »Aber es ist schwierig, jemanden zu finden, wenn man dauernd arbeitet. Der Richtige wird schon irgendwann mal auftauchen, wenn es so sein soll.«

Dr. Suhrer runzelt die Stirn. »Wie alt sind Sie?«

Das ist gemein.

»Mit 17 oder 18 mag das ja noch so sein«, insistiert er. »Aber in fortgeschrittenem Alter ist es hilfreich, ein wenig nachzuhelfen. Wenn man im Lotto gewinnen möchte, sollte man auch einen Lottoschein abgeben.«

Da ist was dran

Vielleicht lässt sich der Mangel an Freude und Liebe in meinem Leben ja tatsächlich mit einem Mann beheben. Da muss ich an einen Satz denken, der die ganze spirituelle Ratgeber-Literatur durchzieht: »Lerne erst, dich selbst zu lieben.« Seit Jahren versuche ich zu begreifen, was damit gemeint ist. Dieser Rückkopplungseffekt, der mich immer wieder auf mich selbst zurück wirft, ist eine schwere Lektion, an der ich mich schon lange abarbeite. Doch vielleicht sollte ich es zur Abwechslung mal mit einem Mann aus Fleisch und Blut versuchen, um frischen Wind in mein Leben zu bringen.

»Haben Sie es mal über eine Partneragentur im Internet versucht? Ich habe Patienten, die wurden dadurch sogar ihre Potenzstörungen los.«

»Sie meinen, ein Mann kann mich von meiner Depression heilen?«

»Vielleicht geht es ihnen einfach besser, wenn Sie jemanden zum Lieben haben, jetzt, da auch Ihre Söhne aus dem Haus sind.«

Ich muss an Simon denken. Das waren kurze Zeiten des Glücks inmitten tiefster seelischer Dunkelheit. Ich bin also immer noch fähig, Freude und Begeisterung zu empfinden. Oder Vedat! Wie gut hat es mir doch getan, dass mir ein wildfremder Mann Komplimente gemacht hat. Ich sollte vielleicht einfach mal wieder mehr flirten, mit den Möglichkeiten spielen.

»Ja, ich könnte es ja mal versuchen.« Ich zögere noch etwas. Internet-Partnerbörsen waren bisher für mich tabu. Ich wollte es lieber dem Schicksal überlassen, mir den Mann fürs Leben zu präsentieren. Aber vielleicht könnte ich da doch ein wenig nachhelfen.

»Versuchen Sie es einfach. Ich kenne viele Erfolgsgeschichten und für die Psyche kann es nicht schlecht sein. Auf jeden Fall kommen Sie auf andere Gedanken und aus dem tristen Loch heraus«, muntert mich Dr. Suhrer auf.

Er gibt mir ein Rezept für eine neue Packung Antidepressiva und einen festen Händedruck zum Abschied. Ein Mann oder Psychopharmaka? Oder beides? Simon jedenfalls wirkte stark stimmungsaufhellend. Er war wie Therapie. Leider zu kurz. Es war wohl weniger die Edelsteinbehandlung, die mich für wenige Tage aus dem Tief riss, sondern mehr die Seelenmassage, die ich mit ihm genoss: Gute Gespräche, jemand, der aufmerksam zuhört, Herzflattern beim ersten gemeinsamen Kuss, und das Wissen darum, dass die Chemie stimmt. Als Therapie Liebe? Ja, war es nicht genau das, was ich in Bad Liebenzell erfahren habe? Dass Liebe heilt? Ich verlasse die Praxis sehr nachdenklich. Marita sehe ich nicht mehr. Als ich auf die Straße trete und die vielen hektischen Menschen sehe, die vielen Autos, die sich auf der engen Straße aneinander vorbeiquetschten, und auf der gegenüberliegenden Seite ein händchenhaltendes Pärchen, weiß ich: Ein Mann muss her.

Marvin ist inzwischen glücklich in Auckland gelandet. Er hat ein Zimmer mitten in der Downtown. Und er hat schon Pläne. Morgen will er den Mount Eden besteigen mit stolzen 319 Metern mitten in der Stadt –

inklusive Vulkankrater. Der Berg, den ich besteigen muss, heißt Gesundheit. Ich erklimme ihn gerade. Doch ich brauche Kraft dafür. Es geht nur langsam vorwärts. Wenn ich daran denke, welche Möglichkeiten Marvin am anderen Ende der Welt erwarten, wird mir schwindelig. Bungee-Jumping, Langusten fangen, mit Helm und Neoprenanzug in die Stromschnellen des Kawarau River springen und im Naturrausch schwelgen. Mein Abenteuer sieht dagegen anders aus. Ich ergründe die hintersten Winkel meiner Seele, entdeckte dort gefährliche Stromschnellen und reißende Flüsse, die mich schier umgebracht haben. Auch in meiner Psyche gibt es Abgründe, in die ich gestürzt bin. Aber irgendetwas hat mich auch festgehalten, während ich in freiem Fall in die Tiefe stürzte. Da war eine Kraft, an der ich mit dickem Karabinerhaken befestigt war. Ich habe die Abgründe ausgelotet, hing aber am Seil. Den Nervenkitzel musste ich nicht extra suchen, den bekam ich frei Haus geliefert. Nun habe ich mich auf einen Felsvorsprung gerettet und frage mich, wie ich mich wieder ganz nach oben hangeln könnte. Der Ausblick ist grandios, ich sehe tiefe Schluchten, in der Ferne Berge, ganz unten schlängelt sich ein Fluss am Fuße des Bergmassives entlang. Zum Canyon-Swinging fehlt mir der Mut, also muss ich einen sicheren Weg suchen, mich aufzuschwingen. Ich setze mich an den Computer und google nach Partnerbörsen. Ich werde fast erschlagen von den Treffern. Ich entscheide mich für die seriös erscheinende Agentur »Click and Love« und melde mich an. Was aber soll ich angeben? Depressiv gewordene Powerfrau sucht männlichen Stimulus für die kranke

Psyche? Bodhisattva mit verzögerter Rekonvaleszenz sucht Guru zwecks gemeinsamer Erleuchtung? Glucke mit Empty-Nest-Syndrom sucht Stubenhocker zum gegengeschlechtlichen Bemuttern? Kapriziöse Lokal-Diva sucht ungebundenen Bürgermeister für öffentlichkeitswirksamen Auftritt? Hochtourig laufender, weiblicher Ferrari sucht erfahrenen Fahrer zum gemeinsamen Durchstarten?

Ich bin mir sehr unschlüssig. Ich entschließe mich, erst mal völlig unverbindlich Männer zu suchen und sortiere nach Entfernung. Die Ausbeute ist groß, überzeugt mich jedoch nicht. Viele Diplom-Ingenieure sind dabei. Da fällt mir ein Development Architekt auf. Er überzeugt mich, weil er einen schwarzen Rollkragenpullover trägt. Und Männer, die bei Partnerbörsen mit schwarzen Rollkragenpullovern auftreten, können nichts Böses im Schilde führen. All die Kandidaten, die mit einer Harley Davidson, beim Canyoning oder mit Zigarette im Mundwinkel eine Frau suchen, die sie vor allem bewundert oder ihnen die Bierflasche an den Zweisitzer bringt, ignoriere ich. Ich will keinen Al Bundy mehr, sondern einen emanzipierten Mann, der aber nicht so sehr emanzipiert ist, dass ich ihn am liebsten mit seiner Küchenschürze zuhängen würde wie die Gartenmöbel im Winter. Nein, da muss jetzt schon eine ernsthafte Alternative zu meiner angebrochenen Packung Antidepressiva her. Ich vervollständige mein Profil und erhalte den Mitgliedsnamen CVZ45WC. Damit bleibe ich vorerst unerkannt. Nicht mal ein promisker Landtagskandidat würde mich unter diesem Pseudonym vermuten. So kann ich mich also völlig frei auf dieser Plattform umtun und muss nicht fürchten, dass ich mir den Ruf versaue. Ich verzichte daher lieber darauf, ein Bild hochzuladen. Hinter CVZ45WC soll sich die schöne Geheimnisvolle verbergen. Soll ich jetzt dem rollkragenbestückten MMKL85Z eine Nachricht schicken? Er schaut so lieb und hat dazu auch noch ein Doppelkinn. Der Development Architekt schreibt über sich, dass er humorvoll, einfühlsam, zurückhaltend, kinderlieb, nachdenklich, phantasievoll und verständnisvoll ist. Also nichts zum Durchbrennen. Eher was zum Anlehnen. Was brauche ich nun wirklich? Einen wie den schönen Priester in Dornenvögel, der aber den Arsch nicht in der Hose hat? Einen potenten Ernährer, der Frauen aber immer noch für weibliche Flaschenöffner hält? Einen langhaarigen, tätowierten Beau, der gut im Bett ist, aber beim Bezahlen im Restaurant plötzlich auf die Toilette eilt und sich von emanzipierten, selbstbewussten und gutbezahlten Powerfrauen aushalten lässt? Oder eben einen Development Architekten mit Doppelkinn? Am besten wäre eine Melange aus Pfleger Thorsten und Dr. Weindel, fällt mir da spontan ein. Ich sortiere die Auswahl nach Matching-Punkten. Und staune. Wieder landet Mr. MMKL85Z als Favorit auf meiner Liste. Ich hacke beherzt in die Tastatur und schreibe ihm eine Nachricht. Dass ich auch mal ein Semester lang Architektur studiert habe, lasse ich ihn wissen, dass mich sein treuer Blick über den Rollkragen hinweg zum Schmelzen gebracht hat, und ob wir nicht mal Kontakt aufnehmen sollten. So unverfänglich wie möglich bleiben, das nehme ich mir vor. In dem Gutachten, das mir die Partnerbörse auf mein Profil hin angefertigt hat, steht, dass ein Mann mit starker Anima-Ausprägung zu mir passen würde. Weil ich meinen Animus so stark entwickelt habe. Kein Wunder, wenn man sich als Frau in einem Männerberuf behaupten muss. Mr. MMKL85Z sieht aus, als würde er gemäß des Animus-Anima-Prinzips gut zu mir passen. Schließlich brauchen meine Kinder keinen neuen Vater, ich keinen Macho und das Weibchen in mir keinen archaischen Hünen. Aber ein Development Architekt, das wäre doch was. Mein Posteingang ist noch leer, die Packung mit den Antidepressiva noch voll. Aber über meinem Felsvorsprung kann ich schon den blauen Himmel sehen.

Marvin hat inzwischen Auckland umrundet vom Mount Eden bis Maritime Museum über Auckland Domain bis zum Subway am Hafen. Dort ist es billiger, lässt er mich via Skype wissen. Und die Cola besteht dort wirklich aus Cola und nicht zu fünfzig Prozent aus Wasser. Auch eine Steuernummer und ein Bankkonto hat er schon. Jetzt will er mit der Fähre nach Waiheke Island raus. Weiße Haie sollen es da draußen geben. Sofort wird mein Gluckeninstinkt wieder aktiviert.

»Geh da ja nicht ins Wasser!«, schreie ich ins Mikrofon.

Am anderen Ende der Welt erlaubt sich jemand einen Spaß mit mir.

»Warum nicht, wäre doch lustig, ein bisschen mit den Haien zu tauchen.«

Ich starre auf meinen Monitor und mache eine drohende Geste. In Neuseeland lacht jemand. Aber ich wollte mich ja selbst lieben. Also versuche ich, gelassen zu bleiben.

Marvin sagt, dass er von einem Neuseeländer weiß, wo es die weißen Haie gibt. Zusammen haben sie sich an die Waterfront gesetzt und ein paar Bier getrunken.

Klingt ja alles bestens. Ich greife nach meinem Antidepressivum. Als nächstes muss ich unbedingt bei »Click and Love« nachsehen, ob ich Nachrichten von MMKL85Z habe.

Er hat geantwortet. Allerdings meint er, dass es da gewisse Missverständnisse gebe. Mit »Development Architekt« handele es sich nicht um einen Architekten, der Häuser baut, sondern um eine Person, die sich um die »Architektur« von Software kümmert. Damit seien einfach Leute gemeint, die meistens Softwareentwickler sind, aber nicht mehr »Developer« oder »Senior Developer« genannt werden.

Nun, ein Sympathiebündel scheint er nicht gerade zu sein. Macht aber nichts. Ich antworte so nonchalant wie möglich. Dass ich mich freue, einen Senior Developer kennenzulernen, dass ich seinen Rollkragen erotisch finde und dass sein Doppelkinn ein Hinweis sei auf Lebensfreude und Genuss, was man auch gegebenenfalls zu zweit zelebrieren könne. Herzlichst, CVZ45WC.

Ich muss dringend mein Leben sortieren, bevor es noch aus den Fugen gerät. Daher greife ich zu einem altbewährten Mittel und mache eine Liste. Ich will mir darüber im Klaren werden, was ich in meinem Leben unbedingt noch realisieren möchte. Aus der Krise soll bitteschön eine Chance werden. Ich darf die Zeit nicht ungenutzt verdaddeln, mich zweckfrei im Internet rumtreiben und wahllos Männer dechiffrieren. Was würden meine Arbeitgeber sagen, wenn sie wüssten, dass ich meinen Burnout mit Liebe zu heilen gedachte, dass ich statt Literatur-Rezensionen zu schreiben investigativen Journalismus betrieb und meine Recherchen über Depressionen nun sehr genau nahm? Ich muss rausfinden, was meine wahren Wünsche sind und meiner intrinsischen Motivation auf die Spur kommen. Ich beginne: gesund sein, harmonische Partnerschaft führen, Bücher schreiben, Buchladen eröffnen, Meditationskurse geben, Schokobrunnen kaufen, Hawaiianische Massage lernen, Mini-Cabrio fahren, Fotoausstellung machen, zehn Jahre jüngerer Lover, Frieden schließen mit meinen Expartnern, einen Kaffeevollautomaten besitzen, mindestens einen Depressiven vor dem Suizid bewahren, im Minirock auf Gemeinderatsitzung gehen, Kevin Kostner persönlich kennenlernen, mit Jessica, Benjamin und Marvin auf einem Trampolin springen, Motorrad fahren, Hund anschaffen, anderen Menschen helfen, schöner Garten, eine Story über Depressionen bringen, mich auf Pressereise betrinken und dann mit dem netten Restaurant-Tester im Delphin-Bad schmusen, nach Neuseeland fliegen.

Ich erschrecke. Was hatte ich da zuletzt geschrieben? Nach Neuseeland fliegen? Mit meiner Flugangst? Das kann doch nicht wahr sein. Ich muss MMKL85Z fragen, ob er schon mal in Neuseeland war.

Marvin teilt mir über Skype mit, dass er sich einen Hop-on-Hop-off-Bus mieten will. Damit kann er gezielt die Sehenswürdigkeiten der Insel ansteuern. Er will Richtung Süden reisen, Auckland hinter sich lassen. Trotz ihrer für eine Metropole geringe Bevölkerungszahl und der Mission-Bay bleibt Auckland eine Stadt. Marvin aber zieht es zunächst raus in die spektakulären Naturlandschaften des Landes.

Meine zwischenmenschlichen Kontakte finden unterdessen hauptsächlich am Computer statt. MMKL85Z scheint ein netter Kerl zu sein. Inzwischen hat er mir eine ganze Bilderserie ohne Rollkragenpullover geschickt. Er war extra beim Fotografen. Ich kann ihn nun frontal, von der Seite oder mit einem Bein lässig auf einem Stuhl stehend bewundern. Er hat einen leichten Bauchansatz, vorstehende Zähne mit leichter Gelbtönung, eine beginnende Stirnglatze und große Hände. Sein Doppelkinn kann auch das Porträtfoto in Schwarzweiß nicht ganz kaschieren. Ich muss spontan an Simon denken, an seine filigrane Erscheinung. Vielleicht ist mir mit ihm Erzengel Michael persönlich erschienen. MMKL85Z dürfte das perfekte Kontrastprogramm zu meiner mystischen Begegnung im Krankenhaus sein. Ich frage ihn, ob wir uns nicht mal treffen wollen. Schließlich befindet er sich bei den Suchergebnissen nach dem Kriterium Entfernung ganz oben. Der Zeitpunkt erscheint mir günstig. Sabine hat herausgefunden, dass derzeit eine starke Venuseinstrahlung herrschen und eine wunderbare, hoch energetische Venusessenz entstanden sein soll, ein regelrechtes Liebesnetzwerk. Diese Gunst der Stunde sollte man nicht ungenutzt lassen, und ich will es darauf ankommen lassen. Noch vor wenigen Wochen hätte ich mir so etwas nie und nimmer vorstellen können.

Mich mit einem wildfremden Mann zu treffen, noch dazu, wenn klar ist, dass ich auf Liebe und Partnerschaft aus bin. Dagegen zog ich es vor, mit den Bewunderungen der Männer nur zu spielen, diese zwar zu locken, sie dann aber genau so vehement auch wieder fallen zu lassen. Ich war nicht wirklich bereit für eine echte, auf Ehrlichkeit und Vertrauen gegründete Partnerschaft. Zu sehr grollte ich noch meinen Expartnern und verurteilte sie für das, was sie mir angetan hatten. Inzwischen war mir klar geworden, dass ich mir die Situation so erschaffen hatte. Ich hatte regelrecht die Opferrolle gesucht und Drama für Drama inszeniert, weil ich bislang keine bessere Lösung kannte. Ich hatte dieses Theaterstück bei meinen Eltern erlebt und schuf mir nun ständig neue Akteure für eine alte Aufführung. Mein Vater war dreißig Jahre älter als meine Mutter, tablettensüchtig und konnte die Familie nicht ernähren. Denn er war in erster Linie Soldat gewesen, zwar ein hochdekorierter, aber der Krieg war nun mal vorbei, das Nazireich gab es nicht mehr. Als Held hatte mein Vater den Krieg überlebt, vielen Menschen das Leben gerettet, und wahrscheinlich ebenso viele getötet. Er fand den Weg zurück aus dem Kessel von Demjansk. Schwer verwundet kehrte er heim, fast zur gleichen Zeit war der Krieg zu Ende. Mit diesen Erlebnissen im Gepäck war es für ihn schwer, im normalen Leben seinen Mann zu stehen. Er war durchdrungen vom Gedankengut der Nazis und konnte es nie ganz ablegen. Er war stolz auf mich, weil ich gesund, kräftig und sehr wohlgeraten war. Ich war wohl ein Vorbild arischer Rasse, perfekt gebaut, ohne Fehler und Makel. Wäre ich mit Behinderung zur Welt gekommen, ich weiß nicht, wie dann die Liebe meines Vaters ausgesehen hätte. Groß gewachsen, schlank, blond und blauäugig wie ich bin, blieb er aber auch noch stolz auf mich, als ich in der Pubertät war und ihn nicht mehr derart verehrte wie als kleines Kind. Vielleicht steckte dieses Denken immer noch in mir fest: Ich muss perfekt sein. Und vielleicht hatte mich diese Angst, mit Schwächen und Fehlern nicht angenommen zu werden, zu meinem Totalzusammenbruch geführt. All dies geht mir durch den Kopf, während ich MMKL85Z betrachte. Auf einmal finde ich sein Doppelkinn sehr sympathisch.

Marvin ist inzwischen bis zur Ostküste vorgedrungen. Er hat sich mit einem Österreicher und einem Ostfriesen zusammengetan. Der Österreicher hat sich ein Auto gemietet, nun teilen sie sich den Sprit, um den Osten zu erkunden. Den Hop-on-Hop-off-Bus will Marvin später buchen. Ich staune über die Unkompliziertheit, mit der die jungen Leute ein solches Abenteuer wagen. Ich würde mich sicher nicht ohne durchgestylte Unfallversicherungspolice, eine Familienpackung Pfefferspray und einen Koffer voll Medikamente in den Flieger setzen. In Marvins Tramperrucksack passt allenfalls die Unterwäsche für Schönwettertage, geschweige denn eine vorsichtige Auswahl an Regen-, Wind- und Schneejacken. Gut, in Neuseeland strahlt jetzt die Sonne, aber vor Wetterkapriolen ist man nicht gefeit. Zumal in der heutigen Zeit, da wir mit Siebenmeilenstiefeln auf 2012 und nach zahlreichen Deutungen des Maya-Kalenders auf eine neue Zivilisation zusteuern, die alles verändern wird. Warum sollte ich mich dann noch mit Seitenlayout, Abonnentenzahlen und Anzeigenkunden quälen? Der Hype um den endenden Kalenderzyklus übt auch auf mich eine gewisse Faszination aus, doch meldet sich mein innerer Kritiker zu Wort, der mahnend den Zeigefinger hebt. Wenngleich nicht zu leugnen ist, dass die Maya-Völker offenbar erstaunliches Wissen hatten.

Ob wir aber nun in Neuseeland, Australien oder in Heidelberg untergehen, dürfte wohl keine zentrale Rolle spielen. Aber weist nicht zumindest das astronomische Ereignis 2012 auf einen Zeitenwandel hin? 2012 kommt es in Australien, Neuseeland, im Südpazifik und in Südamerika zu einer totalen Sonnenfinsternis. Ich beschließe gelassen zu bleiben. Marvin wird ja nicht so lange in Neuseeland bleiben. Auckland bleibt derzeit verriegelt, lässt mich Marvin wissen. Zurück können sie erst in drei Tagen, wenn das U2-Konzert vorbei ist. Die ganze Stadt ist dicht, keine Maus passt mehr rein. Na also, es sind eben gänzlich weltliche Ereignisse, die Neuseeland lahmlegen, die Rückkehr der Götter auf dem Planeten scheint noch in weiter Ferne.

MMKL85Z hat geschrieben. Er will sich mit mir treffen. Ich schlucke. Jetzt wird es ernst. Will ich das wirklich? Ich blicke auf meine Packung Antidepressiva. Hm, vielleicht ist Liebe ja die natürlichere Medizin. Ich sage zu. Als Treffpunkt vereinbaren wir das Café Schafheutle in Heidelberg. Bis dahin muss ich mir unbedingt noch einen vorzeigefähigen Ausdruck ins Gesicht zaubern. MMKL85Z soll nicht auf den ersten Blick erkennen, dass sich mein Energielevel derzeit im Keller befindet und meine weibliche Seite in den letzten Monaten, was sage ich – Jahren, in ihrem komatösen Schlaf fast vergessen war. Als Development Architekt erwartet er von mir sicher Inspiration. Ich denke an sein Doppelkinn. Vielleicht erwartet er auch einfach nur einen netten Nachmittag bei einem guten Stück Schwarzwälder Kirsch-Torte.

MMKL85Z ist schon vor mir da. Ich erkenne ihn sofort, als ich das Café Schafheutle betrete. Er sitzt an einem Ecktisch, untersucht gerade die Karte und sieht verstohlen zur Tür. Er erkennt mich nicht, immerhin habe ich kein Bild von mir hochgeladen. Er sieht gutmütig aus. Etwas untersetzt, aber groß. Ich sehe ihm zu, wie er in der Karte blättert. Offenbar hat er noch nicht bestellt. Er ist alles andere als mein Typ. Ich stand bisher immer auf die bösen Jungs, MMKL85Z aber sieht so aus, als würde er jeden Sonntag bei seiner Mutter zum Kaffeetrinken vorsprechen und an Weihnachten Plätzchen backen. Ich frage mich, ob mir das gefällt? Ich stelle mich so unauffällig wie möglich an die Kuchentheke und schiele zu seinem Tisch hinüber. Die Verkäuferin zählt bereits die Tortenauswahl auf, doch bevor sie wieder von vorne beginnt, bedanke ich mich kurz und steuere den Tisch an. MMKL85Z scheint eine gute Intuition zu haben, denn er blickt sofort hoch. Als er mich sieht, lächelt er. Offenbar sieht man mir an, dass ich auf der Suche nach meiner Anima bin. Jetzt ist die Entscheidung gefallen, die Flucht ausgeschlossen. So nonchalant wie möglich setze ich mich zu ihm. Er heißt Rainer. Ich finde, dieser Name perlt leichter von den Lippen als

MMKL85Z. Er hat freundliche Augen und macht den Eindruck, als würde er in sich ruhen - eine Eigenschaft, die ich selbst in mir entwickeln möchte. Nach einigen Höflichkeitsfloskeln gehen wir sofort ins Frage- und Antwort-Schema über. Ich frage, woran seine letzte Beziehung gescheitert ist.

»He, das ist ja wie bei einem Bewerbungsgespräch«, protestiert er, gibt aber bereitwillig Auskunft. Er war schon mal verheiratet, seine Exfrau sei Ärztin und habe sechzig Stunden die Woche gearbeitet. Er fühlte sich stark vernachlässigt - zumal auch sie in ihrer Freizeit nur an den Job dachte, nachts zu Notfällen in die Klinik fuhr und ihre Arbeit bald das Eheleben komplett beherrschte - so entschied er sich zur Trennung.

»Ich möchte mit meiner Frau eines Tages auf gemeinsame Erlebnisse zurückblicken und nicht nur Statist in ihrem Leben sein.«

Ich werde etwas wortkarg. Soll ich ihm gestehen, dass er gerade in die zweite Auflage seines Dramas zusteuert? Wenngleich - hatte ich mir nicht vorgenommen, mich zu ändern und Liebe, Partnerschaft und Freude in mein Leben zu lassen?

»Menschen, die nur für ihren Job leben, verdrängen meistens etwas. Innerlich wissen sie vielleicht längst nichts mehr mit sich anzufangen«, höre ich mich stattdessen sagen.

Rainer nickt eifrig, kommt aber offenbar nicht auf die Idee, mich zu fragen, woher ich das so gut weiß. Stattdessen erzählt er mir, dass er gerne reist, demnächst in Kenia auf Safari geht. Ich erzähle ihm von Marvin.

»Vielleicht besuche ich ihn«, höre ich mich da sagen. Ich frage mich, warum ich einen wildfremden Mann von einem Vorhaben in Kenntnis setze, von dem ich bis dato selbst nicht einmal wusste.

»Das ist eine tolle Idee«, bestätigt Rainer. »Du wirst begeistert sein von dem Land.«

»Warst du schon da?«, frage ich ihn.

»Ja. Wir haben dort eine Firmenniederlassung, und ich war zuständig für die Erweiterung unserer Marktposition. Ich arbeite bei einem der führenden Softwareunternehmen. In Neuseeland habe ich neue Businesspläne und Analysen erstellt.«

»Ich kenne Neuseeland auch schon. Ich habe die Nordinsel auf dem Herzecho-Monitor gesehen.«

»Du hast was?«

»Ja, im Ernst. Mein Papillarmuskel sieht aus wie Neuseeland. Zuerst haben ihn die Ärzte für eine Raumforderung gehalten.«

Im Moment, da ich dies sage, fällt mir auf, dass es sich in der Tat um eine Raumforderung handelt. Ich sollte meinem Herzen einfach mehr Raum geben. Zwar betrete ich damit Neuland, aber warum sollte dieses Neuland nicht in Neuseeland liegen?

»Das ist ja interessant! Was verbindet dich mit der Insel?«, fragt mich Rainer, während er rhythmisch seinen Cappuccino umrührt.

»Bislang kannte ich sie nur als Kulisse für den Herrn der Ringe. Sie erscheint mir irgendwie mystisch, fast unwirklich.«

»Was findest du an Neuseeland so unwirklich?«

»Na, immerhin liegt es am anderen Ende der Welt,

ich habe keine Ahnung, wie es dort zugeht, und es wimmelt dort nur so vor Vulkanen und spektakulären Naturereignissen.«

»Das ist doch aber mehr faszinierend als unwirklich. Nur, weil du noch nie dort warst, kannst du dem Land doch seine Realität nicht absprechen.«

»Ja, sicher, aber für mich ist es surreal, geheimnisvoll. So sehr, dass ich Angst habe, hinzufliegen.«

»Aber wenn du dich nur auf bekanntem Terrain bewegst, schränkst du dich in deinem Leben sehr ein. Überleg doch mal, wo du wärst, wenn du nie etwas Neues gewagt hättest. Die Firma, für die ich arbeite, konnte nur entstehen, weil sich ein Bastler in die Garage gesetzt hat und an seine Vision geglaubt hat. Heute sind wir Marktführer im deutschsprachigen Raum, und unsere Software erobert den Globus.«

»Du hast Recht. Auch ich habe Neuland betreten, als ich meinen Weg in den Journalismus antrat. Aber ich bin einfach meiner Leidenschaft zum Schreiben und Fotografieren gefolgt und habe mich couragiert meinen neuen Aufgaben gestellt«, sage ich nachdenklich.

Heute sieht es allerdings anders aus. Das Neue macht mir gerade sehr viel Angst, und ich weiß nicht, wie es weitergehen soll.

»Wenn dich Neuseeland reizt, dann flieg endlich hin. Willst du warten, bis du zu alt dafür bist?«, fragt Rainer.

Das nehme ich ihm krumm.

»So habe ich das nicht gemeint«, rudert er zurück, als er meinen angesäuerten Gesichtsausdruck sieht.

So übel ist der Mann gar nicht. Mit ein wenig Wohlwollen könnte man sogar sagen, er sehe ein bisschen aus wie Tom Hanks.

»Wie bist du eigentlich auf diese Idee gekommen, dich bei »Click and Love« zu registrieren? Du regst doch die Phantasie der Männer an, wenn du dir nur den Strumpf hochziehst«, will er wissen.

»Ich ziehe mir aber nie den Strumpf hoch«, entgegne ich, »weil ich keine Strümpfe trage. Ich bin ein Hosenweib.«

Da muss Rainer lachen.

»Auch das noch! Da müssen sich die Männer also vor dir in Acht nehmen?«

»Wenn du wüsstest, wie mein Nachtleben aussieht«, flachse ich. »In Wahrheit bin ich eine herrschsüchtige Domina. Also leg mal besser die Ohren an.«

Ich verschweige ihm, dass ich die letzten Wochen wie gefühlsamputiert die Krankenhausflure entlang geschlichen bin.«

Aber dieses Blind Dating fängt an, mir zu gefallen. Und Rainer hat einen trockenen Humor, der mir imponiert. Ich könnte mir durchaus vorstellen, ihn eines Tages in mein Herz zu schließen - sofern da noch Platz ist.

Wir verabschieden uns unverbindlich.

»Sehen wir uns wieder?«, will Rainer wissen.

»Bestimmt, irgendwann, vielleicht, du, wir schreiben uns«, weiche ich aus. Das geht mir jetzt zu schnell.

Mit einem ebenso unverbindlichen Kuss auf beide Wangen gehen wir wieder auseinander. Ich denke an Simon, mit dem mich auf den ersten Blick eine Magie verband. Diesen Magnetismus habe ich bei Rainer nicht gespürt. Dafür eine Bodenständigkeit und sachliche Nüchternheit, die irgendwie beruhigend war. Auf dem Weg zum Parkhaus komme ich wie zufällig noch an der Buchhandlung vorbei. Ich spüre wieder diesen Sog und lasse mich treiben. Da fällt mir ein orangenfarbenes Cover auf: »Einfach glücklich sein« von Pierre Franckh. Ich lese im Klappentext: Sieben Schlüssel zur Leichtigkeit des Seins will der Autor präsentieren. Ich denke an meine Psychopharmaka. Ja, ich will glücklich sein und kaufe das Buch. Wenn ich schon dabei bin, Neuland zu betreten, kann eine Wegbeschreibung kein Fehler sein.

Über Skype erfahre ich, dass Marvin inzwischen in Waitangi angekommen ist und das Treaty House besichtigt hat. Dort wurde 1840 das erste Abkommen zwischen den Maori und den Siedlern unterzeichnet, das die Besitzrechte des Landes regeln sollte. Allerdings gab es da zwei Interpretationen, einmal die von den Maori und einmal die der Siedler, was später zu einer Menge Streit geführt hat. Marvin erzählt mir (wir skypen meistens abends um 21 Uhr, da ist bei ihm 9 Uhr morgens), dass er ein Kriegskanu gesehen hat, das aus riesengroßen Kauri-Bäumen gefertigt wurde.

»Ich werd irgendwann in den nächsten Tagen noch eine größere Tour machen. Wohin genau, weiß ich noch nicht, kommt darauf an, wie das Wetter wird«, berichtet er mir von seinen Plänen.

Es ist schwer für mich, all dem zu folgen. Das wirkt so weit weg, und dennoch ist mein Sohn leibhaftig dabei. Ich habe mir nie einen solchen Traum erfüllt und bin nicht einfach mit nichts als einem einzigen Rucksack um die Welt geflogen. Für mich zählte immer nur, meine Pflicht zu erfüllen und vor allem gut darin zu sein. Mein Ehrgeiz hatte mich zwar weit gebracht, Marvin aber war – darüber war ich mir nun im Klaren – viel weiter, gänzlich ohne übertriebenen Ehrgeiz. Für ihn war das Leben ein Spiel. Er wollte die schönsten Flecken der Erde sehen, jetzt, und nicht erst irgendwann. Ich aber hatte mir immer gesagt: Irgendwann bereise ich die Welt, irgendwann leiste ich mir etwas, aber erst muss ich genug Geld verdienen, erst muss ich genug geschuftet haben, erst muss ich bewiesen haben, dass das auch verdient habe. Verflixt, dieses Irgendwann kommt nie! Marvin wartete nicht, bis er in den Zwängen der Gesellschaft feststeckte, bis ein Job ihn in ein Korsett gepresst hat oder bis er genug Geld hatte. Er räumte einfach sein Sparbuch. Das reicht fürs Erste. Wenn das Geld knapp wird, sucht er sich eben einen Job als Schafscherer, Kiwipflücker oder hilft bei der Weinlese. Er hat sichtlich Freude bei seinem unbeschwerten Tingeln durch die Welt.

In meinem neuen Buch lese ich, dass Freude eine grundlegende Entscheidung ist – und dass jeder positive Energiezustand ein Engel ist. Ich lese, dass es meine ureigene Aufgabe ist, glücklich zu sein. Hatte ich bisher nicht immer die Umstände, den anstrengenden Job, die bösen Männer und den Mangel an Geld an meinem Unglück verantwortlich gemacht? Stattdessen fordert mich der Autor dazu auf, darauf zu horchen, was mein Herz ersehnt – und genau dies in meinem Leben zu realisieren.

Marvin ist inzwischen in Tutukaka an der Ostküste gestrandet. Dort will er einen Tauchkurs machen, dabei nach Walen und Delphinen Ausschau halten. Ich fasse es nicht. Mein Sohn bereist Orte, von denen ich noch nie etwas gehört habe. Und was mache ich? Sitze im winterlichen Heidelberg mit wildfremden Männern im Café und rede über meinen Papillarmuskel. Frustriert logge ich mich bei »Click and Love« ein. Ich habe 22 neue Nachrichten. Mein Gott, wo kommen auf einmal all die Männer her? Ein Geschäftsführer, ein Diplom-Kaufmann und ein Physiker wollen mit mir Kontakt aufnehmen. Die Entfernung allerdings ist mir zu groß. Zweihundert Kilometer sind entschieden zu viel, um zum wiederholten Male den Curricullum Vitae zu rezitieren. Daher entscheide ich mich spontan für einen gediegenen Werkzeugmacher in der mittleren Einkommensklasse, aber gehobenem Alter. Er hat kein Bild freigeschaltet, sodass er meiner Phantasie viel Spielraum gibt. Er ist geschieden, hat drei Kinder, die nicht bei ihm leben, hält sich für geduldig, humorvoll, naturverbunden und optimistisch. Er ist Gelegenheitsraucher, hasst Lügen und Unehrlichkeit. Wichtig sind ihm die Natur, Sport und Sex. Na bitte. Wenigstens einer, der es zugibt. Ich klicke weiter zum Abteilungsleiter in Telekommunikation. Dieser hat zwar ein Bild hochgeladen, wirkt darauf aber derart kreuzbieder, dass ich sofort an meinen Mathelehrer denken muss. Der Diplom-Psychologe einige Klicks weiter sieht zwar gut aus, sein Profil liest sich aber wie eine übersinnliche Gruselmär. So blättere ich virtuell zurück zum Werkzeugmacher. Er wohnt nur zwanzig Kilometer entfernt. Das erscheint mir sogar bei verzögerter Genesung durchaus vertretbar. Ich sende ihm zunächst ein Lächeln. Mal sehen, wie er reagiert.

Ich ertappe mich dabei, wie ich in den Keller gehe und nach meinem Koffer suche. Er ist noch da. Spinnweben umranken mein teures Stück. Ich zerre an ihm, doch er klemmt fest. Als ich daran rüttle, fällt mir mein altes Tagebuch in die Hände. Es ist komplett verstaubt und einige Kleinlebewesen müssen sich wohl daran gütlich getan haben, denn es ist an den Seiten durchlöchert, fast perforiert. Ich beginne, darin zu lesen. Den Schmerz meiner ersten Liebe habe ich diesem Tagebuch anvertraut. Aber auch meine Wünsche und Zukunftsträume. Ich blättere weiter, bis ich auf eine Liste stoße. Schon damals bevorzugte ich diese Art der mentalen Strukturierung. Unter »Ziele« stand dort nur: eigener Hund, mit dem Käfer nach Berlin fahren, Abi mit 1,5, Architektur studieren und tolle Häuser bauen, malen lernen, Fotokurs machen, niemals heiraten, um die Welt fliegen. Ich schlucke. Wie viel davon ist tatsächlich wahr geworden? Eigentlich nur Punkt zwei:

Gleich nach dem Abi sind Sabine und ich mit meinem metallicblauen Käfer nach Berlin gefahren. Das war für uns ein großes Abenteuer, denn Sabine war gerade erst 18 geworden und zum ersten Mal ohne ihre Eltern im Urlaub. Wir brummten durch die damalige DDR und stellten uns burschikos vor die Berliner Mauer. Wir haben uns alles zugetraut zu dieser Zeit. Berlin war für uns fast so etwas wie eine Weltreise. Wir waren zur Faschingszeit dort, besuchten das Ägyptische Museum, aßen im Café Kranzler überdimensionierte Eisbecher und schliefen in einem barocken Bett. Auf dem Rückweg fing es an, mächtig zu schneien. Mein metallicblauer Käfer schlich im Schneegestöber neben den unerschrockenen Brummis entlang. An der Raststäte kurz nach der Grenze herrschte Hochbetrieb. Die meisten Autofahrer gaben den Kampf gegen die Schneemassen auf und quartierten sich ein. Das kugelige Dach meines Käfers ragte zwischen den zusammengeschobenen Schneebergen trotzig hervor. Sabine und ich hörten die Nachrichten. Der Sprecher warnte vor herabstürzenden Ästen, die durch die Schneelast eine gewaltige Wucht entwickeln würden. Wir blickten durch die Windschutzscheibe nach oben: Mit Schnee überladene Äste neigten sich auf die Parklücke. Wir sahen uns an. »Wir fahren«, rief ich entschlossen. Meine Unerschrockenheit verblüfft mich heute noch. Nicht im Traum habe ich daran gedacht, dass uns bei dieser Tour etwas passieren könnte. Wir waren so mutig, so lebensbejahend. Auf der Autobahn gab es nur Brummis und meinen Käfer. Sabine saß bibbernd auf dem Beifahrersitz. Denn sie bekam den Sog der Lastwagen deutlicher zu spüren als ich, weil sie näher dran war. Ich fuhr. Zielstrebig und siegesgewiss. Wir müssen einen Schutzengel gehabt haben. Um drei Uhr morgens waren wir endlich zu Hause. Markus, mit dem ich damals schon zusammen war, lag grell geschminkt im Bett, als wäre er auf einer Travestie-Show gewesen. Dass ich mich heil und unversehrt neben ihn legen konnte, hielt ich für selbstverständlich. Ich dachte überhaupt nicht darüber nach, was alles hätte passieren können. War dies etwa das Geheimnis der Jugend? Sie denkt einfach nicht so viel nach. Sie macht halt. Ohne sich über eventuelle Worst Case Szenarien zu sorgen und sich damit von Anfang an die Luft aus den Segeln zu nehmen. Und in der Tat: Ich war felsenfest davon überzeugt, dass ich und mein Käfer den Weg durch die schneebedeckte Autobahn schaffen würden – und die Brummis sahen nur meine Rücklichter.

Ich starre auf die Liste. Was ist aus den anderen Punkten geworden? Gut, Abi mit 1,5 Notendurchschnitt – der Zug ist durch. Architektur studieren: Auch das ist gegessen. Niemals heiraten: Nun, da habe ich wohl nicht auf mich gehört. Die einzigen Möglichkeiten, die mir noch bleiben, wenigstens einen Teil meiner Liste zu vervollständigen, sind der Hund, das Malen und der Fotokurs. Nun ja, und die Welt.

In einer Zeitschrift lese ich, dass es nur zwei Worte sind, die das Glückbarometer steigen lassen: »Fuck it.« Denn damit würden die spirituellen Lehren des Ostens vom Loslassen auf ideale Weise ins Westliche übersetzt. Was könnte ich noch alles tun, um düstere Gedanken zu vertreiben? Ich will wieder glücklich sein, will, dass endlich wieder alles gut ist, dass ich den Weg finde, der mich aus dem inneren Irrgarten herausführt. Was brauche ich noch, um wieder Leichtigkeit und Lebensfreude zu verspüren? Oder ist es eher ein Weniger, das mir gut täte? Leide ich nicht ohnehin am Zuviel? Ist es nicht die Vielzahl der Möglichkeiten, die mich verwirrt und mir die Orientierung raubt? Brauche ich noch mehr Bücher, um den Pfad zur inneren Zufriedenheit einzuschlagen? Oder geht das Heilwerden im

Innern vonstatten, dort, wo die innere Stimme leise ihre Botschaften zuflüstert?

»Ach, fuck it«, rufe ich und schleudere das Buch in die Ecke. Ich sollte konstruktive Problemlösungsstrategien entwickeln und nicht ständig philosophieren. Die Dinge einfach angehen und nicht weitschweifig über Risiken und Nebenwirkungen reflektieren. Wie also komme ich aus dieser Sackgasse wieder raus? Chefredakteur anrufen und sagen, dass ich morgen wieder da bin? Um dann wieder mit Terminen zur Gemeinderatsitzungen, Sängerfesten und Grundsteinlegungen zugebaggert zu werden? Die innere Stimme versagt gerade. Ich nehme an, die Kommunikation mit mir wird ihr gerade zu blöd. Gut, nächster Vorschlag: Ich gehe ins Tierheim und suche mir einen Welpen. Die innere Stimme horcht auf, bleibt aber skeptisch, was sie mir mit einem Ziehen im Magen zu verstehen gibt. »Den Welpen findest du am Anfang süß, aber die Ausdauer für einen Hund hast du gerade nicht, und wenn du sie hast, musst du wieder arbeiten und hast keine Zeit für den Hund.« Stattgegeben. Das leuchtet mir ein. Wie wär's damit, frage ich meine innere Stimme: Ich treffe den Werkzeugmacher und Gelegenheitsraucher und fahre männermäßig zweigleisig. Wenn die innere Stimme Augen hätte, würde sie jetzt eines zukneifen und mich mit dem anderen schräg ansehen. »Du glaubst doch selbst nicht, dass du das lange durchhältst, du kommst doch nicht mal mit einem klar.« Wo sie recht hat, hat sie recht. Also gut, dann fliege ich eben nach Neuseeland. Schweigen. »Hallo?«, rufe ich. »Bist du noch da?« Nach einer kurzen Bedenkzeit meldet sich meine innere Stimme zurück: »Also, ganz im Ernst, wenn du den Mumm aufbringst, dann mach das!« Ich sinke auf mein Sofa. Fuck it! So weltumspannend hatte ich mir Heilung nicht vorgestellt. Aber ich gebe zu, an dem Plan ist was dran. »Gibt es auch eine näherliegende Lösung?«, frage ich. »Klar«, antwortet die Stimme prompt, »geh zum Gynäkologen.«

»Wie bitte? Soll das ein Witz sein?«

»Nö. Wie lange ist denn die letzte Untersuchung her? Und hattest du in letzter Zeit nicht ständig dieses diffuse Unterleibsziehen?«

»Ja, schon. Aber das kann von den Tagen kommen.«

»Von den Tagen, die du nicht mehr hast, seit du dir vor sechs Jahren die Hormonspirale hast einsetzen lassen?«

»Dann halt meinetwegen angedeutete Tage. Immerhin wird der Zyklus durch Hormone beeinflusst. Und das ist ja gerade der Sinn der Sache.«

»Red dich nicht raus. Wenn du ehrlich bist, wirst du zugeben, dass man besser mal nachschauen sollte. Wer weiß, vielleicht bist du ja schon in den Wechseljahren und hast deswegen Depressionen. Ich sage nur: Hormone.«

»Jetzt aber Schluss!« Ich setze mich abrupt auf. Ich bin doch nicht in den Wechseljahren! Trotzdem: Meine innere Stimme hat recht: Ich sollte mal zum Gynäkologen.

Die Praxis ist wie immer voll. Ich setze mich an einen Platz weit weg von der Kinderspielecke. An den Wänden hängen jede Menge Ultraschallfotos, auf der Toilette nimmt der Wickeltisch den größten Raum ein.

Gegenüber sitzt eine etwa 20-Jährige mit dickem Babybauch. Und die verklärten Blicke der anderen jungen Frauen lassen darauf schließen, dass sie auch schwanger sind. Die Frau neben mir, die um die dreißig ist, hat wohl gerade entbunden, denn sie stillt einen Säugling. Irgendwie ist es mir peinlich, nicht schwanger zu sein. Fast möchte ich laut in die Runde rufen: »Ich hatte auch mal einen Mutterpass - und er ist ziemlich voll geworden.« Aber die Frauen scheinen derart mit sich selbst beschäftigt zu sein, dass ich es lieber unterlasse. Der Säugling grunzt, während er an der Brust zieht. Eigentlich würde ich gerne eine Zeitschrift lesen, habe aber Angst, ihn dadurch zu behindern. Es liegt ohnehin nichts anderes als Literatur für junge Eltern auf dem Beistelltisch. Bin ich eigentlich schon zu alt für den Frauenarzt? »Quatsch!«, ohrfeigt mich meine innere Stimme. »Du wirst wohl gerade wieder sentimental.« Dr. Jäger huscht durch den Flur und verlangt nach der nächsten Patientin. Das bin zum Glück ich. So kann ich dem glucksenden Mutterglück entfliehen, ohne mir allzu überflüssig vorzukommen.

Dr. Jäger breitet meine Karteikarte vor sich aus.

»Wir machen heute die Routineuntersuchung?«, fragt er knapp.

Auch hier im Sprechzimmer sind die Wände mit Porträts von ungeborenen Kindern übersät. »Was Besseres habe ich nicht anzubieten«, würde ich gerne antworten, entscheide mich dann aber für eine höflichere Konversation.

»Mir geht es seit Monaten sehr schlecht. Die letzten Wochen verbrachte ich in der Klinik, weil mich eine heftige Depression lahmgelegt hat. Außerdem hatte ich mehrere Panikattacken. Ich wollte gerne mal abklären lassen, ob das vielleicht eine hormonelle Geschichte ist.«

Dr. Jäger schreibt eifrig weiter, während ich ihm meinen gesundheitlichen Totalausfall der letzten Zeit schildere. Immer noch über die Karteikarte gebeugt, sagt er plötzlich:

»Das kann auch an der Hormonspirale liegen.«

»Wie bitte?«

»Ja, das Gelbkörperhormon kann Depressionen verursachen. Wussten Sie das nicht?«

Ich starre ihn ungläubig an.

»Sie wollen mir sagen, dass ich seit sechs Jahren ein Ding in mir habe, das meine Stimmung niederdrückt?«

»Nicht alle Frauen reagieren so wie sie. Nur etwa zwei Prozent klagen nach Einsetzen der Hormonspirale über Angstzustände, Herzrasen und -stolpern und über Depressionen.«

Das kann doch nicht wahr sein. Warum sagt mir das keiner? Jetzt, da ich mit dieser Tatsache konfrontiert werde, fällt mir auf, dass ich tatsächlich immer wieder leichtere depressive Phasen hatte. Jedoch hatte ich dies immer auf die Umstände geschoben. Zu viel Arbeit, Stress in der Beziehung, Trennungskonflikte – und was so alles war in den letzten sechs Jahren. Aufgefallen ist mir nur, dass ich diesen unerschütterlichen Lebensmut, der früher so typisch für mich war, offenbar verloren hatte. Und nun sollte an all dem die Empfängnisverhütung schuld sein?

»Haben Sie weitere Patientinnen mit dieser Symptomatik?«, will ich wissen.

»Ich habe schon mehrere Hormonspiralen gezogen aus genau diesem Grund«, gesteht Dr. Jäger.

Ich bin wie vor den Kopf gestoßen.

Er muss mir ansehen, dass ich das eben gerade nicht verdauen kann.

Er erzählt mir etwas von synthetischem Progesteron, Östrogenspiegel, Kalium- und Magnesiumhaushalt und unterdrücktem Eisprung. Ich verstehe nur die Hälfte, aber plötzlich wird mir klar, dass ich meinen Hormonhaushalt nicht mehr künstlich manipulieren möchte.

»Das Ding muss raus!«

»Wir können die Spirale sofort entfernen.«

Dr. Jäger schreitet zur Tat, während ich mich immer noch frage, ob ein Intrauterinpessar meine Depression verursacht hat. Offenbar hat er anfangs einige Schwierigkeiten, das Ding am Faden zu fassen zu kriegen. Doch ich schicke ein Stoßgebet gen Himmel, bitte Gott und die geistige Welt, mir auch in dieser Situation zu helfen - und offenbar zeigt mein Hilferuf Wirkung.«

»Tausend Dank«, schicke ich hinterher, nachdem Dr. Jäger etwas verblüfft das Corpus Delicti in den behandschuhten Händen hält.

»Gehen Sie mal davon aus, dass die Spirale die Ursache ihrer Probleme war«, rät mir Dr. Jäger.

Hat meine innere Stimme doch den richtigen Riecher gehabt. Die Geschichte lässt mir jedoch keine Ruhe. Zu Hause setze ich mich sofort an den PC, öffne Google und gebe als Suchbegriff »Hormonspirale und Depressionen« ein. Die Flut der Suchergebnisse ist überwältigend. Eine immense Vielzahl

Frauen scheint die gleichen Probleme wie ich gehabt zu haben - und alle bringen ihre Depressionen, Angstzustände und Herzrhythmusstörungen in Verbindung mit der Spirale. Ich lese mich fest. Die Einträge scheinen meine eigene Situation widerzuspiegeln. Ich kann es kaum glauben. Wieso habe ich nicht noch schon früher davon erfahren? Warum wird so was nicht publik? Warum verschweigen die Mediziner das? Warum hat mich keiner meiner behandelnden Ärzte gefragt, ob ich eine Hormonspirale trage? Ist das Bild, das sich mir darbietet, überzeichnet? Immerhin hatte ich gezielt nach negativen Erfahrungen mit der Hormonspirale gesucht. Die positiven Berichte hatte ich durch meine Suchbegriffe quasi ausgeschlossen. Dennoch: Auch wenn es »nur« zwei Prozent der Trägerinnen sind, die auf die künstliche Hormonabgabe per Fremdkörper im Uterus negativ reagieren - es ist doch ein Skandal, dass so etwas nicht an die Öffentlichkeit kommt. Nur wer gezielt im Internet danach sucht, wird fündig. Den meisten Frauen, deren Berichte ich lese, ging es nach dem Entfernen der Spirale bald besser. Panikattacken, Depressionen, Nervenzusammenbrüche, Herzrasen, Schmierblutungen, Gewichtszunahme, Konzentrationsstörungen, Brustschmerzen, Gereiztheit und sogar Sehstörungen verschwanden wieder.

Ich sitze vor dem Computer, als hätte mir jemand mit der Saugglocke die Seele geraubt. Ich kann mir schwer vorstellen, dass mein Zusammenbruch alleine von dem Hormon emittierenden T-Stück aus Elastomeren verursacht wurde - dass es sich aber ungünstig auf meinen gesundheitlichen Zustand ausgewirkt hat, halte ich inzwischen für sehr wahrscheinlich.

»Wenn mehrere Faktoren sich häufen, kommt irgendwann das Fass zum Überlaufen«, hatte Dr. Weindel doch mal gesagt. Jetzt erinnerte ich mich wieder an seine Worte, die plötzlich an Brisanz gewinnen. Vielleicht war dieses verdammte T-Stück in meiner Gebärmutter tatsächlich der Nährboden meiner Depression gewesen. Der berufliche Stress, die Überforderung und der Auszug meiner Jungs waren dann die Sprengsätze gewesen, die sich unter dem Hormonfeuer entzündet hatten. Vielleicht war es tatsächlich so.

Um wieder auf andere Gedanken zu kommen, versuche ich, Marvin zu erreichen und telefoniere via Skype mit der diametral entgegengesetzten Seite der Erde. Mein Anruf bleibt ungehört. »Der Teilnehmer meldet sich nicht«, informiert mich das Programm. Ich sehe im Mailordner nach und entdecke dort eine Nachricht. Marvin ernährt sich von Krabben und Fischen, denn das Angeln im Meer kostet nichts. Zudem hat er sich die ersten Flip-Flops seines Lebens gekauft. Ich staune. Wie soll ich mir meinen durch und durch auf Coolness eingestellten Sohn mit bunten Badelatschen vorstellen? Eine abrufbereite Aggressionsbereitschaft bei punktuellen Anlässen gehört untrennbar zu seinem Naturell. Er ist der adoleszierende Machismo in Reinkultur. Wie will er in Flip-Flops cool aussehen? Ob ich ihn fragen soll, ob er schon die Raumschiffe des Lichts gesehen hat? Ich unterlasse es lieber. Er könnte einen Rückfall vermuten.

»Wir haben jetzt inzwischen drei Angeln, also zwei Angeln und eine Angelschnur, und versuchen dann mal morgen, ob wir uns ein gutes, frisches, billiges Essen fangen können. Im Meer braucht man nämlich keine Lizenz dafür«, schreibt er in lockerem Stil, der mich vermuten lässt, dass es ihm gut geht.

»Was hier immer sehr lustig aussieht, ist, dass überall Weihnachtsbäume und Weihnachtszeugs verkauft wird und wir das einfach nicht in den Schädel kriegen, dass bald Heiligabend ist – bei 25 Grad«, berichtet er weiter.

Mein Gott, er hat Recht. Bald ist Weihnachten. Eine adventliche Stimmung konnte ich aber, trotz Minusgraden und Schneeflocken, noch nicht entwickeln. Irgendwie fehlt mir die familiäre Heimeligkeit, die Geborgenheit im Nest meiner Kinder.

Marvin reist mit seinen Kumpels von Hostel zu Hostel, von Campingplatz zu Holiday Park (was auch ein Campingplatz ist).

Inzwischen campieren sie wieder an der Westküste und wollen da eine Woche bleiben, weil der Österreicher einen Open Water-Schein machen will. Und Marvin will mit Janosch aus Norddeutschland eine Bootstour raus aufs Meer unternehmen. Die Poor Knights Islands gelten als das beste Tauchgebiet Neuseelands und als eines der fünf besten Tauchgebiete weltweit.

»Also, dass wir Delphine zu Gesicht bekommen, ist sehr wahrscheinlich, vielleicht sehen wir sogar Orcas oder Blauwale, das wäre schon richtig cool. Wir können dann schnorcheln und mit dem Kajak durch Höhlen fahren.«

Ich weiß nicht, ob ich all das gut finden soll. Ich schaue raus aus dem Fenster. Der Kraichgauer Wintereinbruch ist alles andere als stimmungsaufhellend. Grauer, verhangener Himmel, gefrorene Eisflächen auf den Straßen und matschige Schneereste kühlen meine ersten glühenden Motivationsschübe schnell wieder ab. Ich lese weiter, was Marvin schreibt: »Heute waren wir mit dem Auto beim Puzzle-Man. Das ist ein etwas älterer Herr, der eine Art Museum hat. Dort stellt er Puzzles aus, die er zum Teil selbst entwirft. Das war dann im Endeffekt so lustig und interessant, dass wir da sechs Stunden lang geblieben sind und den Plan, weiter südlich zu fahren, übern Haufen geworfen haben.«

Schon toll, wie diese Jungs das Leben besichtigen. Sie lassen sich treiben, erliegen der Faszination dieser Erde und genießen ihre Jugend. Recht haben sie.

»Vorgestern fuhren wir an der Westküste Richtung Süden, an der Kauri Coast entlang. Unterwegs sind wir ein paar Tracks gelaufen, weil's da ein paar der mächtigsten Kauri-Bäume zu sehen gab, die zum Teil viertausend Jahre alt sind. Der Tane Mahuta, der auch ›Lord of the Forest‹ genannt wird, ist mit 51 Metern der höchste. Es ist aber eher die Mächtigkeit, die diese Bäume zu Riesen macht. Den ›Father of the Forest‹ haben wir auch gesehen, das war der zweitgrößte Kauri. Dann sind wir noch zum Yakas gelaufen, der ist zwar nur der siebtgrößte, dafür darf man den aber berühren und huggen (umarmen), was bei dem Radius nicht ganz so leicht ist.«

Wieder sehe ich aus dem Fenster. Die Thujabäumchen, die ich letztes Jahr gepflanzt habe, dürften an die dreißig Zentimeter hoch sein. Was wahrlich ein geringer Trost ist gegen die monumentalen Riesen, die

Marvin umarmt. Überhaupt, seit wann umarmt mein Sohn Bäume? Immer, wenn ich ihm weismachen wollte, dass Bäume eine Seele haben und auf den Menschen eine wohltuende Wirkung ausstrahlen, wenn man sie berührt, hat er mich ausgelacht. Will ich überhaupt noch wissen, was er noch alles erlebt hat? Der badische November passt zu dem Einheitsgrau meiner Stimmung. Ein paar Raben sitzen in den kahlen Obstbäumen der Wohnsiedlung. Ich lese weiter.

»Letzte Woche haben wir eine ganztägige Bustour hoch zum Cape Reinga, der gerne als nördlichster Punkt Neuseelands bezeichnet wird (was aber genau genommen gar nicht stimmt) gemacht. Es ist eigentlich nur der nördlichste Punkt, der sich bequem mit einem Auto erreichen lässt und an dem markant ein Leuchtturm steht. Kurz vor Cape Reinga kann man riesengroße Sanddünen raufklettern. Das Gute dabei ist, dass man sich ein Brett mit hochnimmt und dann von der Düne runtersurft, das war schon echt fett.«

Ich kann Marvin fast reden hören, spüre seine Begeisterung, als säße er vor mir.

»Die nächste Etappe war dann ein abseits gelegener Strand an der Pazifikküste, um sich den Sand vom Dune Diving wieder abzuwaschen. Ja, dann ging's zum Cape Reinga hoch, was für die Maori eine heilige Stätte ist, weil sie daran glauben, dass ihre Toten an diesem Ort die Reise in die Unendlichkeit antreten. Deswegen ist dort auch Essen und Trinken verboten. Ganz vorne am Felsen wächst ein alter Baum, der quasi das Sprungbrett für die Reise darstellt und eben was Heiliges für die Maoris ist. Markante Punkte sind der

Leuchtturm und die Schilder, die Richtung und Entfernung zu Städten wie London, Sydney oder Los Angeles anzeigen. Außerdem sieht man am Cape Reinga das Zusammentreffen des Südpazifiks und der Tasmanischen See: hohe Wellen und spritzende Gischt.«

Ich stelle mir vor, wie Marvin an einem sagenumwobenen Ort der Erde auf das weite Meer hinaus blickt.

»Schade war nur, dass wir da nur etwa 45 Minuten Zeit hatten. Das ist so ein Must-see in Neuseeland und ein Platz, von dem man viele Bilder anderer Touristen sieht - und dann ist man selbst da oben, schon lustig.«

Er ist sich also der Einzigartigkeit des Augenblicks bewusst. Wenngleich: Mittlerweile weiß ich, dass jeder Augenblick kostbar ist, auch, wenn man nicht am Nordzipfel Neuseelands steht und schäumende Wellen am Horizont aufpeitschen.

»Aber es wurde ja fast noch besser«, berichtet Marvin weiter.

»Es ging nämlich mit dem Bus zum Ninety Mile Beach - ein kerzengerader Strand an der Westseite, also an der Seite der Tasmanischen See. Unser Busfahrer - Kiwi durch und durch - hat dann den besten Spruch des Tages rausgehauen: ›To get to the Ninety Mile Beach we have to drive down that stream.‹ (Um an den Ninety Mile Beach zu kommen, müssen wir diesen Bach runter fahren.)

Und ohne Schmarrn, wir sind dann mit dem Bus in den Bach gefahren, der zum Strand führte. Der Strand an sich ist eine offizielle Straße, das heißt, man kann dort auch geblitzt werden (was hier in Neuseeland sowieso sehr streng gehandhabt wird).«

Wie gut, dass er nicht selbst fährt. Wahrscheinlich würde ich die Knöllchen bezahlen dürfen.

»Und wir haben dann nach ein paar Minuten erst mal Halt gemacht am Strand. Es sieht einfach verdammt surreal aus, wenn man dort steht. Man sieht in allen Richtungen nur Weite: Vor sich die See, die sehr flach abfällt und hohe Wellen erzeugt.

Wir sind dann auch noch eine ganze Weile den Strand entlang gefahren, und der Busfahrer hat auch erklärt, dass der Strand keine neunzig Meilen, sondern eigentlich nur knapp unter neunzig Kilometer lang ist. Jedoch haben die Australier einen ähnlichen Strand, und man will ja unbedingt einen längeren Strand haben als Australien, daher wurde der Ort nie umbenannt. Die Küste sieht auf der Landkarte in der Tat aus wie eine Art Stinkefinger in Richtung Australien ...«

Da muss ich herzhaft lachen.

Zu beklagen hat er nur das Brot. Es ist ihm nicht kernig und herzhaft genug.

»Deutsches Brot wär nicht schlecht«, meint er. Na bitte, ein Wermutstropfen muss sein.

Ob ich mal nachschauen soll, ob Rainer geschrieben hat? Wenn ich schon am Laptop sitze. Ich logge mich bei »Click and Love« ein. Drei Männer haben mir ein Lächeln gesendet, 52 Männer eine Mitteilung geschrieben. Das ist entschieden zu viel. Diese Nachrichtenflut erinnert mich an die Arbeit in der Redaktion. Täglich laufen mehr Informationen über den Ticker, als man in der Lage ist zu verdauen – und schaltet einfach innerlich ab. In dem Gestöber an Kontaktanfragen finde ich aber auch Rainers Nachricht. Er bedankt sich für den schönen Nachmittag im Café und möchte »so was« gerne wiederholen. Ob ich mich denn nächste Woche wieder mit ihm treffen mag. Und ob sich dafür der Heidelberger Weihnachtsmarkt als romantische Kulisse nicht wunderbar anbietet.

Warum eigentlich nicht? Vielleicht kommt damit etwas Adventsstimmung auf. Mit Lichterglanz und Kerzenschein gegen die Depression? Ein Licht anzuzünden, kann so verkehrt nicht sein. Ich sage spontan zu.

Bevor ich mich erneut auf ein Date mit ungewissem Ausgang einlasse, muss ich mich von Sabine coachen lassen. Sie verfügt über allerhand Zaubermittelchen und -methoden aus dem Reich der Spiritualität.

»Du spinnst!«, herrscht sie mich an, als ich ihr von meinem Vorhaben erzähle, vielleicht nach Neuseeland zu fliegen.

»Gerade bist du aus der Klinik gekommen, und jetzt willst du den Globus umrunden! Du hast doch nicht alle Murmeln im Köcher.«

Mein Briefing in Sachen Lebenskompetenz hatte ich mir anders vorgestellt.

»Können wir nicht etwas konkreter werden und ein bisschen Energiearbeit machen?« versuche ich schnell, das Thema zu wechseln. Doch sie lässt sich nicht ablenken.

»Ich mache gar nichts, wenn du mir nicht versprichst, jetzt erst mal auf dem Teppich zu bleiben. Du wolltest schon immer viel zu hoch hinaus und bist jetzt ziemlich böse auf die Nase gefallen. Lerne endlich, mit weniger zufrieden zu sein und die Dinge zu genießen, die in Reichweite sind.«

»Und das wäre?«

»Da fragst du mich? Bist du nicht gerade dabei, die Flut deiner unbekannten Verehrer zu sichten und zu dechiffrieren?«

»Deswegen bin ich ja da. Ich dachte, du könntest mich noch ein bisschen fit machen für das nächste Treffen.«

»Welcher soll's denn sein?«

»Der gleiche wie zuletzt. Er war der erste.«

»Du benimmst dich ja schon wie deine eigenen Eizellen.«

»Davon kann keine Rede sein. Meine Eizellen müssen sich erst wieder an ihre ursprüngliche Aufgabe erinnern und ohne künstliches Hormonfeuer in die Gänge kommen.«

Ich erzähle Sabine von der Offenbarung beim Frauenarzt.

»Das ist ein Skandal!«, ruft sie empört.

»Genau das habe ich auch gedacht. Es ist ein Hammer, dass man von so was nichts erfährt, dass die mannigfaltigen Probleme, die viele Frauen offensichtlich mit dieser Spirale haben, nicht an die Öffentlichkeit kommen. Nur wer gezielt danach sucht, wird fündig. Aber wer vermutet schon einen Zusammenhang zwischen Depressionen, Panikattacken und Hormonspirale?«

»Da kommt man so schnell nicht drauf«, bestätigt auch Sabine.

»In den Interneteinträgen wird deutlich, dass die Betroffenen meist durch Zufall von den möglichen Nebenwirkungen erfahren – und dass die Ärzte einen Zusammenhang der Symptomatik mit der Spirale zunächst meist leugnen und die Beschwerden der Frauen bagatellisieren.«

Sabine wird nun ganz still. Dann meint sie: »Wie gut, dass dich deine innere Stimme zum Gynäkologen geführt hat.«

»Ja, dabei hatte sie zunächst einen Kampf mit meinem Verstand auszufechten.«

»Das ist meistens so. Was sagt dir eigentlich deine innere Stimme in Bezug auf Neuseeland?«

Nun werde ich ganz still.

»Es ist in der Tat meine innere Stimme, die mir immer einflüstert, ich müsste dorthin. Mein Verstand will diese ständigen Hinweise auf eine Weltreise ignorieren, was ihm aber inzwischen nicht mehr ganz gelingt. Immerhin ist mir durchaus bewusst, dass ich damit ein großes Risiko eingehe, hing ich doch gerade noch komplett erledigt am Tropf.«

»Ja, eben.«

»Ich kenne mich in diesem Land ja auch kein bisschen aus. Ich würde absolutes Neuland betreten.«

»Hmm. Das tust du ja eigentlich sowieso.«

»Ja, richtig. Ich muss etwas ändern, darf nicht mehr in die alten Muster zurück fallen. Und was liegt da näher, als nach Neuseeland zu fliegen?«

Sabine lacht: »Das zimmert dir jetzt gerade dein Verstand zurecht.«

»Okay, akzeptiert. Doch wenn Verstand und Seele eine gemeinsame Marschrichtung haben, bleibt doch genug Energie übrig für abenteuerliche Unternehmungen. Energie, die sonst im ständigen inneren Kampf verpuffen würde.«

»Da muss ich dir Recht geben. Aber muss diese Marschrichtung gleich ans andere Ende der Welt führen?«

»Ich kann nichts dafür.« Ich hebe die Hände hoch wie zu meiner Verteidigung. »Offenbar ist aber genau das mein Weg. Warum sonst bildet sich die Nordinsel als scheinbare Raumforderung in meinen Herzkammern ab? Warum bin ich derzeit besser über die Sehenswürdigkeiten in Neuseeland informiert als über die Straßenverkehrsberichte im Rhein-Neckar-Kreis? Warum lerne ich einen Development Architekt kennen, der in Neuseeland neue Geschäftsgebiete erschließt?«

»Ich kann dir das nicht beantworten«, meint Sabine nachdenklich. »Ich kann dir nur raten, genau in dich hineinzuhorchen und den Ruf deiner Seele nicht mit den alten Fluchtmechanismen zu verwechseln. Vielleicht willst du einfach vermeiden, dich deinem Alleinsein zu stellen, jetzt, da die Jungs aus dem Haus sind und du gemerkt hast, dass dich die Flucht in die Arbeit in den Zusammenbruch geführt hat.«

»Weißt du was?«, frage ich sie kampflustig. »Ich hatte das ganze Leben diesen mahnenden Kritiker in mir, der mich stets daran gehindert hat, meine Träume zu verwirklichen. Was wollte ich nicht alles wahr werden lassen? Stattdessen bin ich immer den Weg der Vernunft gegangen. Spontaneität, Leichtigkeit und Lebensfreude wurden mehr und mehr einer angeblichen Sicherheit geopfert. Meinst du nicht, dass es mal Zeit wäre, etwas Neues auszuprobieren?«

Sabine schenkt sich ein Glas Wasser ein. Sie spürt, dass aus meinen Worten eine tiefe Überzeugung spricht.

»Es ist deine Entscheidung«, meint sie knapp. »Du trägst die volle Verantwortung für das, was du tust.«

»Ja, genau. Ich habe mir eine neue Liste gemacht mit Dingen, die ich verwirklichen will. Ich will nicht in zwanzig Jahren wieder dastehen und resigniert feststellen müssen, dass erneut das meiste davon nicht wahr geworden ist - so wie es mir mit der Liste aus meiner Jugend ergangen ist.«

»Und was steht auf dieser Liste?«, fragt Sabine.

»Hawaiianische Massage lernen zum Beispiel«, pruste ich heraus.

»Nun ja, das ist doch ein gutes Ziel. Doch ich wette, dass auch Neuseeland auf dieser Liste steht.«

»Ganz richtig. Auf meiner Liste steht aber auch eine neue Partnerschaft.«

»Und du meinst, dass ich mit ein bisschen Energiearbeit Schmetterlinge in deinen Bauch zaubern kann?«

»Vielleicht können wir ja meine Blockaden wegtherapieren?«

»Die Blockade bist du selbst. Spring über deinen eigenen Schatten. Du brauchst keine esoterischen Wunderdrogen mehr. Du hast schon so viel ausprobiert, dass dir davon ganz schwindelig wurde. Sei endlich du selbst!«

Nun werde ich kleinlaut. Ich spiele eingeschüchtert mit Sabines Pendel, das vor mir liegt.

»Vertraust du dir also immer noch nicht?«, redet Sabine weiter auf mich ein. »Du hast schon so viel im Leben erreicht, hast drei tolle Kinder zu selbstbewussten Erwachsenen erzogen, hast einen tollen Beruf, in dem du dich als Frau in der Männerwelt durchgesetzt hast.

Das ist doch eine Leistung! Meinst du nicht, dass du selbst das Zeug dazu hast, im richtigen Moment die richtigen Worte zu finden, die richtigen Entscheidungen zu treffen - gerade jetzt, da du gelernt hast, deine Seele zu achten?«

»Sollten wir nicht wenigstens die Chakren überprüfen?«

»Okay, meinetwegen, wenn sich damit bei dir das Gefühl einstellt, ganz und vollständig zu sein. Aber du bist, so wie du bist, völlig in Ordnung. Du glaubst nur nicht selbst daran. Du meinst ständig, andere Menschen könnten Dir etwas geben, das dir fehlt. Dir fehlt aber nichts.«

»Stattgegeben«, beende ich unseren kleinen Disput.

Ich lege mich auf die Behandlungsliege, während Sabine ihr Pendel präpariert. Dann geht sie damit meine Energiezentren durch und prüft, ob diese in der richtigen Richtung schwingen. Mein Wurzelchakra ist wie immer verschlossen, was mich nicht wundert, denn an Bodenhaftung mangelt es mir doch meist. Sabine dreht es auf, indem sie mit der Hand über meinem Becken mehrere Kreise im Uhrzeigersinn umfährt. Während sie das tut, soll ich mir die Farbe Rot vorstellen. Die Behandlung gibt mir das Gefühl, wieder besser geerdet zu sein.

»Kann ich das nicht auch selbst machen?«, frage ich Sabine.

»Na klar. Dreh das Wurzelchakra auf, so oft es dir beliebt. Du musst einfach nur in Beckenhöhe mit der Hand vor deinem Körper im Uhrzeigersinn Kreise drehen, so, als würdest du mit einem Lappen das Fenster wischen.«

»Ich sollte das aber wohl nicht gerade dann machen, wenn Rainer dabei ist, richtig?«

»Richtig. Der Gute könnte diese Geste etwas missverständlich auffassen.«

Wir müssen beide herzhaft lachen bei der Vorstellung. Und ich staune, wie gut das Lachen die Gehirnzellen zu erfrischen scheint.

Kontrolluntersuchung bei Dr. Suhrer. Er will wissen, wie es mir geht, ob das Antidepressivum inzwischen Wirkung zeigt.

»Ja, ich habe zwei Kilo zugenommen.« Eine leider unerfreuliche Begleiterscheinung von vielen Psychopharmaka. Dennoch bin ich gerne bereit, diese zusätzliche Masse an Körpergewicht zu akzeptieren, wenn sich dadurch mein Gemüt aufhellt.

»Sie können froh sein, dass sie nur einen Seelen- und keinen Herzinfarkt hatten«, meint Dr. Suhrer. »Die Anzahl der depressiven Erkrankungen ist weltweit stetig ansteigend. Und wird es wohl weiterhin sein, da tut sich in der Tat etwas sehr Bedrohliches auf. Dass es Sie getroffen hat, ist außerdem kein Wunder. Sie gehören sozusagen zur Risikogruppe. Betroffen sind nämlich auffallend viele engagierte, gutaussehende Frauen wie Sie, die besonders einsatzbereit sind.«

Ich denke an das übervolle Wartezimmer, in dem ich über eine Stunde lang gewartet habe und an die Schwierigkeit, überhaupt einen Termin zu bekommen.

»Sind alle Neurologen und Psychiater derart überlaufen?«, frage ich, und mein journalistisches Interesse ist geweckt.

»Leider ja. Die Psychotherapeuten, Psychologen und Psychiater müssten fast fünfmal so viele Patienten behandeln, um allen Betroffenen wirklich Hilfe anbieten zu können. Wir kommen kaum hinterher. Die psychischen Leiden sind stark auf dem Vormarsch und führen auch zu massiven wirtschaftlichen Ausfällen. Die Gesellschaft ist sich des Ausmaßes der Krankheit kaum bewusst.«

Ich bin erschüttert. Mein Schicksal ist längst kein Einzelfall, auch wenn ich mich in meinen einsamsten Stunden so von Gott und der Welt verlassen fühlte. Die Sprechstundenhilfe kommt herein und hält Dr. Suhrer ein Rezept unter die Nase, das er mit kurzem Nicken unterschreibt.

»Worauf führen Sie das denn zurück?« Vielleicht sollte ich mehr über das grassierende Seelenleiden in unserer Gesellschaft herausbekommen und einen Artikel darüber schreiben. Oder auch ein ganzes Buch. Was brodelt da unter der Oberfläche eines scheinbar funktionierenden Systems? Jüngst erschütterte die globale Wirtschaftskrise die Menschheit. Droht jetzt aber eine Krise viel subtileren Ausmaßes?

»Der Mensch ist in der heutigen schnelllebigen und immer komplexer werdenden Welt einfach überfordert. Er muss eine Flut von Informationen verarbeiten und kann diese Fülle an Daten kaum mehr verdauen. Wir sind schließlich keine Computer, sondern haben auch eine Seele. Das wird einfach noch nicht genug berücksichtigt. Wir haben uns außerdem ein Wertesystem geschaffen, das Gefühle einstampft, Geld, Leistung und Konsum dagegen eine Priorität einräumt, die schließlich krank machen muss. Denn wir sind keine Roboter.«

Unwillkürlich tauchen Bilder vor meinem inneren Auge auf. Ich sehe mich, wie ich dem Geld praktisch hinterhergerannt bin, als ich von Termin zu Termin jagte. Und wie sich außerhalb der Arbeit meine Gedanken darum drehten, wie ich dieses Geld wieder ausgebe. Wenn es mir schlecht ging, kaufte ich mir einen schicken Fummel. Die Leere wurde damit kurzzeitig wieder gefüllt. Da hing so manches modische Teil in meinem Schrank, das ich nicht ein einziges Mal angezogen hatte. Ich merkte gar nicht, wie sich alles darum drehte, immer mehr Dinge anzuhäufen, die ich offenbar gar nicht wirklich brauchte. Mehr Arbeit, mehr Konsum, mehr Ballast und immer weniger wahre Erfüllung.

Da ich nichts sage, spricht Dr. Suhrer weiter.

»Der Zusammenbruch der Seele ist ihr Weckruf. Sie will uns darauf aufmerksam machen, dass wir gerade dabei sind, uns selbst zu zerstören. Es wird Zeit, dass wir umkehren zu einem Wertesystem, in dem Menschlichkeit, Mitgefühl und wahrer Lebenssinn wieder der richtige Platz eingeräumt wird. So darf es nicht weitergehen. Unser Bestreben nach Selbstverwirklichung ist es außerdem, das die Menschen in die Vereinzelung treibt. Früher fanden die Menschen noch Halt in der Familie, heute will jeder etwas Besonderes sein und vergisst, woher er kommt.«

Mir ging es da wohl nicht anders. Ich wollte es allen beweisen, vor allem mir. Nach meiner gescheiterten Ehe wollte ich zeigen, dass ich es auch alleine schaffe, ohne Mann. Nun, das ist mir wohl gelungen, aber zu welchem Preis? War es das wert? Wer stützte mich, als ich gefallen bin? Es waren nicht meine Auftraggeber, sondern meine Familie, meine Kinder.

»Kann es sein«, wende ich ein, »dass es aber eine Hormonspirale war, die mich an den Rand der Verzweiflung brachte?« Nun erzähle ich ihm, was ich bei Dr. Jäger erfahren habe. Auch meine Entdeckung im Internet lasse ich nicht aus, und ich berichte von den vielen Leidensgeschichten anderer Frauen, die eine Hormonspirale trugen.

»Selbstverständlich können Hormone die Stimmung beeinflussen. Und je nach Konstitution und Empfindlichkeit reagieren die Frauen eben unterschiedlich. Dass hormonelle Fremdsteuerung bei Ihnen die alleinige Ursache war, bezweifle ich jedoch. Sicher haben da mehrere Faktoren eine Rolle gespielt. Wie sie selbst sagten, trugen Sie die Spirale ja bereits einige Jahre, ohne dass es zu massiven Seeleneinbrüchen kam. Dass dann Ihre Überengagiertheit im Beruf eine massive Überforderung nach sich zog, dass Ihnen die wahren, echten Werte wie Liebe, Gefühl und Mitgefühl dabei abhanden kamen und die Luft dort oben immer dünner wurde, mag den seelischen Abstieg sicher begünstigt und beschleunigt haben. Außerdem mussten Sie ja noch damit fertig werden, dass Ihre Kinder flügge wurden, das darf man auch nicht unterschätzen.«

»Wenn Sie so weiterreden, mag ich mich bald nicht mehr leiden.«

»Bitte verstehen Sie mich nicht falsch«, Dr. Suhrer rutscht nun unruhig auf seinem Stuhl hin und her,

»ich will Ihnen keine Schuldgefühle machen, sondern Ihnen nur klarmachen, wie ein fehlgesteuertes Wertesystem in den seelischen Abstieg führen kann, vielleicht genauso wie ein fehlgesteuertes Hormonsystem. Ach, apropos Hormone, sind Sie inzwischen fündig geworden?«

»Ich habe mir Ihren Rat zu Herzen genommen und mir einen Lottoschein gekauft.«

»Haben Sie ihn auch ausgefüllt?« Jetzt lacht Dr. Suhrer wenigstens.

»In der Tat. Sogar weggeschickt. Ob es ein Treffer war, wird sich noch rausstellen müssen.«

Dr. Suhrer beugt sich über meine Karteikarte.

»Wir können die Dosis des Antidepressivums noch erhöhen, wenn Sie möchten. Dann wären wir bei der Maximaldosis angelangt.«

Ich denke kurz nach. »Nein, ich glaube nicht, dass ich das möchte. Ich versuche lieber, die tägliche Dosis an Liebe zu erhöhen.«

»Weiser Entschluss«, meint Dr. Suhrer. »Denken Sie aber daran, dass wir noch nicht alles Pulver verschossen haben. Eine Psychotherapie würde Ihnen sicher gut tun.«

»Ja, danke. Die mach ich auch, aber erst habe ich noch ein paar andere Dinge auf meiner Liste stehen.«

»Liste?« Jetzt zieht Dr. Suhrer fragend eine Augenbraue hoch.

»Wertesystem, Sie verstehen? Familie, Freude, Glück und so weiter.«

Dr. Suhrer schaut mich neugierig an. »Bitte nicht so kryptisch.«

»Haben Sie schon mal davon gehört, dass ein Papillarmuskel aussieht wie die Nordinsel von Neuseeland?«

»Bitte, wie?«

»Ich meine, haben Sie schon jemals erlebt, dass man auf dem Herzecho die Nordinsel klar erkennen kann?«

»Nein, ich bin Psychiater und mache keine Herzechos. Aber wahrscheinlich haben Sie das schon erlebt.«

»Ja, genau. Mein Herz macht sich breit. Und so viel ich weiß, liegt in Neuseeland die Bevölkerungsdichte pro Quadratkilometer bei ungefähr 16 Menschen – im Gegensatz zu Deutschland mit 229 Einwohnern. Also habe ich dort viel Raum, mich zu entfalten«

»Vielleicht sollten Sie vielmehr Ihren Herzenswünschen mehr Raum geben.«

»Ja, darum fliege ich ja nach Neuseeland«, höre ich mich da sagen – und kann es selbst kaum glauben.

Mit ausgeglichenen, rechts- wie linksdrehenden Chakren setze ich mich in die S-Bahn, um Rainer zu treffen. Was erwarte ich eigentlich von diesem Date? Liebe? Ob sich so ein allumfassendes Gefühl wohl auf Knopfdruck einstellt? Bewunderung? Inzwischen sollte ich es besser wissen: So was macht auf Dauer nicht glücklich. Ein bisschen Spaß beim Flirten? Vielleicht genau das. Es ist doch zur Abwechslung mal angenehm, einem Menschen mit Y-Chromosom Vertraulichkeiten mitzuteilen und die ein oder andere Soirée mit ihm zu besuchen. Bevor die S-Bahn jedoch am Karlstor zum Stehen kommt, ergreift mich eine flackernde Unrast. Was, wenn er merkt, dass ich derzeit nicht voll belastbar bin? Dass mich schon ein längeres Gespräch sichtlich erschöpft? Wenn er mit mir ins Kino oder in eine Bar gehen möchte? All die Vergnügungen sind mir derzeit einfach zu viel. Ich suche keine Zerstreuung, sondern Zentrierung. Das funktioniert nun mal nicht, wenn der Geist von allen möglichen Ablenkungen verwirrt wird. Ich müsste ihm vielleicht reinen Wein einschenken und von meiner Krankheit erzählen. Aber macht er dann nicht gleich einen Rückzieher? Wer will schon mit einer psychisch labilen Mittvierzigerin einen neuen Lebensabschnitt teilen?

Länger kann ich meinen Zweifeln nicht nachgehen, denn die S-Bahn hält, und ich muss mich endlich entscheiden. Gehe ich oder gehe ich nicht? In Sekundenbruchteilen muss ich wissen, was ich will. Das funktioniert nicht, also mache ich irgendwas. Und weil Stehenbleiben nicht weiterhilft, überspringe ich den Graben zwischen Zugabteil und Bahnsteig - jene Kluft, die schon für so viele Menschen zum Verhängnis geworden ist. Es geht in die Tiefe. Ich würde locker in die Lücke passen. Der Gedanke schickt einen Hauch von Panik in meinen Körper. Doch ich weiß, es ist nur ein blöder Gedanke, der aufgetaucht ist, weil mein Geist eben imstande ist, solche Gedanken zu produzieren. Und immer wieder will er mir beweisen, dass er ein nimmermüdes Instrument meiner selbst ist. Was aber noch lange nicht heißt, dass ich diesem Gedanken mehr Raum geben muss, als in die Lücke zwischen zwei Synapsen passt. »Fuck it«, sage ich laut und springe aus dem Zug. Und wieder wird mir allzu deutlich, wie schmal der Grat zwischen Leben und Tod sein kann.

Ich lasse mir Zeit. Der Weg zum Uniplatz ist nicht weit, doch bis zum verabredeten Zeitpunkt ist noch eine viertel Stunde Zeit. Ich schlendere an der Heiliggeistkirche vorbei und frage mich, wie ich möglichst lässig und schwungvoll am Antiquariat ankomme, das wir als Treffunkt vereinbart haben. Ich spiele mit dem Gedanken, mir eine Packung Zigaretten zu kaufen, weil das eben lässiger aussieht. Dagegen spricht jedoch die Tatsache, dass ich militante Nichtraucherin bin. Daher beschließe ich, einfach so zu sein, wie ich bin. Ich werde ja wohl nicht gleich wieder hyperventilieren. Ein Notarzt wird sich wohl schwer den Weg durch all die flanierenden Menschen bahnen können, um meinen Puls zu beruhigen. Ich denke an Dr. Weindel. Zum Abschied hat er mir eine Ampulle Aconitum D 20 in die Hand gedrückt, samt Injektionsbesteck. Sogar eine Gebrauchsanleitung habe ich mitbekommen. Im Falle eines Falles dürfte ich allerdings dermaßen damit beschäftigt sein, die Spritze sachgerecht aufzuziehen, dass ich meine Panikattacke dabei wohl völlig vergesse. Auch gut. Spritze und Ampulle befinden sich seit meiner Entlassung in meiner Handtasche, die ich immer bei mir trage. Man weiß ja nie.

Da steht er schon. Ich sehe ihn schon von Weitem. Offenbar geht es ihm ähnlich wie mir, denn auch er nestelt nervös an seiner Jacke herum. Es ist kalt, im Himmel scheint sich allerhand Ballast angehäuft zu haben. Es ist kurz vor fünf Uhr, die Lichter des Weihnachtsmarktes lassen vorweihnachtliche Stimmung aufkommen. Ein Duftmix aus Orangenöl, Vanille, heißen Waffeln und Glühwein dringt in meine Nase.

Und sofort macht sich ein warmes Gefühl in meinem Innern breit. Ich wundere mich, wie doch solch einfache Dinge sofort Emotionen hervorlocken können, die man schon längst vergessen glaubte. Warum hat mir in der Klinik niemand eine Duftkerze ans Krankenhausbett gestellt? Warum bin ich in den letzten Tagen nie auf die Idee gekommen, Waffeln oder Plätzchen zu backen? Warum habe ich mir nie einen heißen (wohlgemerkt alkoholfreien) Punsch gegönnt, der Herz und Seele wärmt? Es gibt so viele Alternativen zu Psychopharmaka.

Die Begrüßung fällt diesmal schon eine Spur herzlicher aus. Ich küsse ihn sachte auf beide Wangen und dann auf den Mund. Warum auch nicht? Er tut ein wenig überrascht. Vermutlich hat er mit einer solchen Offenherzigkeit nicht gerechnet.

»Sollen wir uns da durchquälen?«, fragt Rainer und deutet mit dem Kopf in Richtung Marktgetümmel. Da erst fällt mir auf, dass das Gelände nicht nur von Buden, sondern auch von Menschen komplett überfüllt ist.

»Haben wir eine Alternative?«, frage ich zurück.

»Ich gestehe: nein«, lacht Rainer.

In der Tat scheint auch ihm die Vorstellung, erneut gepflegte Konversation in einem steifen Café zu betreiben, wenig verlockend. Also schieben wir uns in die Menge. Rainer ergreift spontan meine Hand.

»Zu zweit bilden wir einen größeren Widerstand«, zwinkert er mir zu.

Ich staune, was sich die Leute fürs Weihnachtsgeschäft alles einfallen lassen. Vom Edelstahlquirl bis zum Holzpferdchen, vom Massageroller zum handgeblasenen Barometer gibt es fast alles. Nichts davon interessiert mich wirklich. Da sehe ich eine ältere Frau zwischen zwei Ständen, die ein Skatkartendeck vor sich ausgebreitet hat. Da scheint Magie im Spiel zu sein, und ich fühle mich sofort wie hypnotisiert.

»Komm, wir lassen uns mal in die Karten schauen«, fordere ich Rainer auf. Doch er hört mich nicht, weil sich gerade ein Kind mit einer langen Plastiktrompete zwischen uns drängt. So sind wir gezwungen, die Hände loszulassen. Und sofort spült mich ein Schub von hinten in Richtung der Kartenlegerin. Rainer verliere ich aus den Augen. Doch als ich mich vor der kleinen Bude aufbaue und die ältere, weise dreinblickende Frau frage, was ich für eine Zukunftsdeutung bezahlen muss, spüre ich ihn schon wieder im Rücken.

»Kaum lässt man dich aus den Augen, machst du schon Dummheiten«, raunt er mir ins Ohr.

»Es kann kein Fehler sein, auf das Leben vorbereitet zu sein«, entgegne ich.

»Meinst du etwa, das geht so?«, und er deutet mit schiefem Blick auf das Kartendeck.

»Ja, hast du einen besseren Vorschlag? Vielleicht mit einer Kristallkugel?«

»Wie wär's mit einer gesunden Portion Lebensklugheit, Humor und Gelassenheit?«

»Hmm, wenn man das aber nicht hinkriegt?«

»Dann solltest du an dir arbeiten. Eine zufälliges Skatblatt wird dir jedoch kaum das nötige Rüstzeug für die Zukunft verschaffen.«

»Ich will es trotzdem versuchen.«

Zur Frau gewandt frage ich: »Was kostet es?«

»Zwanzig Euro«, antwortet diese und tut so, als hätte sie unsere kurze Meinungsverschiedenheit nicht bemerkt.

Ich krame nach meinem Geldbeutel und lege der Frau einen Schein hin, den sie sofort einsteckt. Nun schaut sie mich mit blitzenden, neugierigen Augen an.

»Was willst du denn wissen, mein Schatz?«

»Alles. Gesundheit, Beruf, Geld, Liebe.«

»Liebe kostet extra«, antwortet sie prompt.

»Wie bitte?« Das kann ich kaum fassen.

»Das ist ja wie im Puff«, poltert Rainer nun los.

Die Frau lacht herzhaft los und entblößt dabei ihre goldblinkenden Zahnreihen.

»Iwo«, räumt sie nun ein. »Ich wollte nur mal testen, ob du alles glaubst, was man dir erzählt.«

»Zwar hat in letzter Zeit durchaus mein gesundes Urteilsvermögen etwas gelitten, aber für die Liebe habe ich gerade eine Stange Geld bezahlt, das muss erst mal reichen.« Ich denke an »Click and Love« und den satten Beitrag, den ich für meine Mitgliedschaft blechen musste.

»Ist er der Glückliche, für den du so viel Geld ausgegeben hast?«, fragt sie mich.

»Nun ja«, antworte ich. »Ich habe mir einen Lottoschein für die Liebe gekauft, der war eben so teuer.«

»Und nun willst du wissen, ob du mit ihm das große Los gezogen hast?«, insistiert sie. Offenbar kann sie auch ohne Karten deuten.

»Stopp!«, unterbricht nun Rainer unser Gespräch. »Ich erhöhe auf vierzig Euro.«

»Moment mal«, meint die Frau nun. »Wir spielen hier doch kein Poker.«

»Ich möchte aber, dass Sie auch mir die Karten legen, immerhin geht es auch um mich.«

Es ist ziemlich unbequem, wie wir da so in den engen Stand gequetscht über der Frau gebeugt stehen, die sich die Hände an einem kleinen elektrischen Ofen wärmt. Immer wieder werden wir von hinten angerempelt.

»Gut, du willst es also wirklich wissen«, sagt die Frau und drückt mir ein Päckchen Karten in die Hand. Ich soll mischen. Das tue ich mit konzentriertem Blick auf den Ofen. Dann nimmt sie mir den Stoß wieder ab und legt aus. Dabei murmelt sie unverständlich vor sich hin. Ich kann nicht erkennen, ob sie das Deck positiv oder negativ kommentiert. Auch Rainer scheint gespannt zu sein, welches Ergebnis nun offenbart wird.

Als sie wieder aufschaut, kann ich erkennen, dass sie zufrieden ist mit dem, was sie gelegt hat.

»Also Schätzchen«, hebt sie nun an. »Da liegt die Herz Acht über der beruflichen Veränderung. Das heißt, wenn du im Job neue Wege gehen willst, sind deine Schritte von Erfolg gekrönt. Auch die Finanzen stehen da unter einem guten Stern. Deine Gesundheit allerdings muss in der jüngsten Vergangenheit wohl etwas gelitten haben, was war denn los mit dir?«

Da ich keine Lust habe, hier in dieser zugigen Ecke von meinem seelischen und körperlichen Totalausfall zu erzählen, winke ich einfach ab. »Ich wollte wissen, was mir die Zukunft bringt, die Vergangenheit kenn ich schon.«

»Na gut, Schätzchen. Das ist in Ordnung. Ich sehe auch, dass es dir wieder besser geht und deine Genesung Fortschritte macht. Du solltest dir jedoch unbedingt eine Auszeit gönnen. Sie wird dir gut tun. Daraus wirst du neue Kräfte schöpfen, damit du deine beruflichen Pläne angehen kannst. Denn da kommt viel Neues auf dich zu.«

Ich denke an den Buchladen, den ich schon immer eröffnen wollte, an die Reiki-Kurse, die ich geben wollte, an das Buch, das ich schreiben wollte – und an meine Redaktionen, in denen ich schon immer mal gerne jene Artikel veröffentlichen wollte, die mir wirklich am Herzen liegen. Vielleicht sollte ich mal jemanden interviewen, der Depressionen hat oder einen Psychiater zum Thema Burnout zu Wort kommen lassen. Wird es nicht allerhöchste Zeit, dass wir die Tabuthemen aufgreifen, statt immer nur eine Scheinwelt abzubilden?

»Hast du vor, eine größere Reise zu unternehmen?«, fragt mich die Frau und unterbricht damit meine sich überstürzenden Gedanken.

»Nun ja, ich kann zumindest nicht ausschließen, dass es mich in naher Zukunft in die Ferne zieht.«

Rainer schaut mich ungläubig an. »Wo soll's denn hingehen? Doch nicht etwa nach Neuseeland?«

Da ich nicht antworte, nickt Rainer nur ziemlich wissend.

»Und was die Liebe betrifft«, fährt die Frau über den ausgebreiteten Skatkarten gebeugt fort, »muss ich dir sagen, dass diese Entscheidung erst nach der Reise fällt.«

»Was heißt das denn bitte?«

Die Frau gibt mir mit dem Zeigefinger zu verstehen, näher an sie heranzurücken. Offenbar soll Rainer nicht hören, was sie zu sagen hat.

»Auf dieser Reise wirst du jemanden treffen, mit dem du ganz und gar nicht rechnest.«

»Noch einen Mann?«, frage ich entsetzt und etwas zu laut, denn Rainer dreht sich jetzt weg. Unwillkürlich muss ich an all die Zuschriften bei »Click and Love« denken, die ich kaum bewältigen kann.

»Ja, aber du kennst ihn bereits«, antwortet die Frau.

»Moment«, entgegne ich jetzt. »Ich fliege nach Neuseeland, um meinen Sohn zu besuchen. Bitte verwechseln Sie jetzt nichts.«

»Nein, nein«, sagt sie gedehnt und klingt dabei sehr überzeugt. »Nicht dein Sohn, wobei ich diesen auch erkennen kann. Du wirst dort einen Mann treffen, den du fast vergessen hast. Er wird dich jedoch zwangsläufig vor eine Entscheidung stellen. Denn ihn«, und dabei dreht sie den Kopf in Rainers Richtung, »wirst du auch dabei haben.« Das kann ich nun kaum glauben. Ich soll mit Rainer nach Neuseeland fliegen und dort einen alten Bekannten treffen?

»Das ist ja eine haarstäubende Geschichte. Sind Sie sicher, dass Sie mir nicht gerade eine übersinnliche Mär erzählen?«

»Du wirst noch an mich denken, Schätzchen. Und jetzt zu deinem Begleiter.«

Dabei bittet sie Rainer, die Karten zu mischen. Doch ihm scheint die Lust vergangen zu sein. Leicht angesäuert winkt er ab. »Schon gut, ich habe genug vom diesem Vagabundieren des Geistes.«

Die Frau scheint kein bisschen beleidigt zu sein. »Dann bekommst du selbstverständlich auch dein Geld wieder zurück.« Sie gibt ihm seinen Schein wieder und lacht ihn herzlich an.

Mir dagegen zwinkert sie zu. Ich weiß nicht recht, was ich davon halten soll.

»Du solltest an so einen Mist nicht glauben«, schimpft Rainer, als wir außer Hörweite sind. Und irgendwie finde ich sein Doppelkinn heute wieder besonders attraktiv.

Ein Bummel über den Weihnachtsmarkt ist nichts, was man für eine erste Tuchfühlung zweiten Grades empfehlen kann. Denn man kommt sich näher, als einem lieb ist. Beim Bratwürstchenstand müssen wir derart zusammenrücken, dass uns fast die Luft wegbleibt. Bleibt jedoch schwer auszumachen, ob die Atemnot durch das Gedränge oder durch einen unerwartet plötzlichen Hormonschub verursacht wird. Als wir beide, eine Nürnberger Rostbratwurst kauend, aufs angeleuchtete Heidelberger Schloss hinaufschauen, ist mir, als hätte ich zu viel Glühwein getrunken. Dabei verzichte ich seit meinem Klinikaufenthalt konsequent auf Alkohol, ich will nicht noch mehr Substanzen zu mir nehmen, die meine psychische Verfassung manipulieren. Immerhin möchte ich meine Intuition besser wahrnehmen, meine Herzenswünsche. Das geht wohl schlecht, wenn der Körper ständig unter künstlichem Einfluss von Serotoninen geflutet wird, beziehungsweise dessen Abbau durch ein Antidepressivum unterbunden wird. Wenn ein Mangel an Serotonin die Entstehung von Suchtverhalten fördert, wie ich in der

Praxiszeitschrift bei Dr. Suhrer gelesen habe, dann besteht bei Depressionskranken offenbar die verstärkte Neigung, von Alkohol abhängig zu werden. Das würde mir gerade noch fehlen. Also halte ich mich schön brav an die Empfehlungen des Beipackzettels und lasse die Finger von der Flasche. Andererseits habe ich aber auch gelesen, dass Verliebte – biochemisch gesehen – krank sind, da der andauernde Stresszustand, in den sie sich durch ununterbrochenes Denken an ihr Objekt der Begierde hineinmanövrieren, einen Serotoninmangel verursacht.

»Verflixt«, entfährt es mir.

»Was ist?«, fragt mich Rainer, der gerade herzhaft in seine Nürnberger gebissen hat und dessen Mund nun beidseitig mit Senf umrahmt ist.

»Ach nix«, winke ich ab und beiße nun meinerseits ein riesengroßes Stück von meiner Wurst ab, um nicht zu weiteren Erklärungen genötigt zu werden.

Wenn ich mich jetzt tatsächlich in Rainer verlieben würde, wäre dies nicht kontraproduktiv und würde ich damit nicht der Wirkung meines Antidepressivums zuwiderlaufen? Einerseits will ich die biochemische Ordnung im Gehirn durch ein Medikament wiederherstellen, andererseits bin ich mein eigener Gegenspieler, wenn ich diese Ordnung gefährde, indem ich mich verliebe. Im Praxisheft habe ich sogar gelesen, dass Verliebtheit mit einer Zwangsstörung verglichen werden kann. Serotonin stellt sicher, dass Nervenimpulse die Lücke zwischen den Synapsen im Gehirn überwinden können. Fehlt der Botenstoff, wird der synaptische Spalt zu einem unüberwindbaren Hindernis.

Rainer wirft seinen Pappteller in den Mülleimer neben der Bude und legt daraufhin wie selbstverständlich seinen Arm um mich.

»Es ist schön mit dir«, raunt er in mein Ohr.

Ich lasse es geschehen und schmiege mich an seine Schulter. Ich darf alles zulassen, nur nicht, dass ich mich verliebe.

»Ich muss nach Weihnachten für zwei Wochen nach Neuseeland, soll dort ein neues Programm auf dem Markt lancieren. Hast du zufällig Lust, mich zu begleiten? Die Firma bucht mich immer mit Begleitung ein, bis jetzt habe ich das jedoch noch nie in Anspruch genommen. Meine Frau war immer zu beschäftigt, um mit mir zu kommen.«

Da fällt mir vor Schreck mein Pappteller aus der Hand.

»Das geht mir jetzt ein bisschen zu schnell«, stammle ich.

»Was? Mit mir oder mit Neuseeland?«

»B-b-beides«, bringe ich nur stotternd hervor.

»Du scheinst ja nicht gerade eine Phase unbeschreiblichen Entzückens zu durchleben.«

»Tschuldigung. Mir wurde gerade das Angebot gemacht, mit einem Mann, den ich kaum kenne, in ein Land zu fliegen, das ich ebenfalls nicht kenne und das sich obendrein am anderen Ende der Erdkugel befindet.«

»Und? Wo ist das Problem?«

»Sag mal, sind Development Architekten immer so spontan?«

»Nein, aber sie spielen mit neuen Möglichkeiten. Vielleicht täte dir das auch mal gut.«

»Was soll das heißen?«

Ahnt er womöglich was? Sieht man mir an, dass ich eine schwere Phase durchgemacht habe?

»Deine Betroffenheitsrhetorik ist ja nun nicht gerade sehr ausgefeilt. Mir erscheinst du so, als würdest du nur einen Bruchteil dessen leben, was in deinem Innern vorgeht.«

»Hmm.«

Da nimmt er mich sehr impulsiv und sehr ruckartig in die Arme und küsst mich leidenschaftlich.

»Verdammt, Corina. Leb dich endlich.«

Ich schlucke, soweit mir das mit fest angesaugten Fremdlippen möglich ist. Doch mein Widerstand schwindet dahin wie der Riegel Frittierfett, den der Würstchenverkäufer gerade in den Bräter legt.

»Denk jetzt um Himmels willen an deinen Serotoninspiegel«, kläfft meine innere Stimme.

»Geb dir einen Ruck und spring über deinen Schatten«, sagt Rainer, nachdem er seinen warmen und gut genährten Körper von mir gelöst hat.

»Meinetwegen«, bringe ich wie aus weiter Ferne hervor. »Solange du nicht meinen synaptischen Spalt gefährdest.«

»Was soll das denn heißen?«

»Nichts, das ist eine lange Geschichte.«

»Die du mir hoffentlich bald erzählen wirst.«

»24 Stunden Flugzeit dürften wohl reichen.«

Kapitel 6

Versöhnung

Ich kann es nicht fassen. Ich habe es wirklich getan. Bin über meinen Schatten gesprungen und habe die Reise zugesagt. Zum Glück habe ich mich nicht verliebt. Also ist alles soweit im grünen Bereich mit meinem seelischen Gleichgewicht. Kann also getrost zur Tagesordnung übergehen. Mit dem Staublappen in der Hand schleiche ich durch die Räume. Will mich nützlich machen. Weiß aber nicht recht, wie. Immerhin habe ich das jahrelang mit Computer und Kamera getan. Meine Nikon liegt unbenutzt in der Ecke. Der Akku dürfte sich von dem langen Brachliegen nach und nach entladen haben. Da geht es ihm wie mir. Erst durch eine sinnvolle Beschäftigung laden sich meine Speicher auf. Es fällt mir schwer, das sinnlose Nichtstun. Oder ist es gar nicht sinnlos? Ist es nicht die Leere, aus der alles hervorgeht? Sind diese Phasen der Lücke nicht die ideale Startrampe für neue Taten? Ich fürchte, ich habe in meinem Leben bisher zu wenige Lücken gelassen, vielmehr habe ich es vollgestopft mit Aktivitäten. Ich lasse mich auf mein Wohnzimmersofa fallen, sinke weich ins Polster und lasse den Staublappen fallen. Genug jetzt! Zeit für Pause. Ich könnte mich sogar mit einem Nickerchen am Vormittag anfreunden. Doch da höre ich ein Ploppen. Im ersten Moment weiß ich nicht, woher es kommt, so entspannt war ich schon. Doch dann springe ich ruckartig aus dem Polster. Marvin hat sich bei Skype eingeloggt. Ich renne zum Computer, setze das Headset auf und klingle ihn an. Er nimmt ab, und nun sehe ich ihn auch. Etwas magerer und unrasiert blickt er in die Kamera.

»Hi, ich sitze gerade in Whangarei in der Lounge.«

»So spät am Abend noch?«

»Jepp. Wollte mal hören, wie es euch so geht?«

Jessica kommt hinzu. Sie ist heute nicht in der Schule. Angeblich Kopfschmerzen. Sie ist gerade aufgestanden und setzt sich nun neben mich, neugierig, was ihr Bruder heute zu berichten hat.

»Morgen geht's mit dem Bus weiter, so um die vierhundert Kilometer Richtung Süden. Wir fahren nach Coromandel, an den Hot Water Beach. Da kann man sich dann im Hostel einen Spaten nehmen, bei Ebbe an den Strand gehen, sich ein kleines Loch buddeln, reinlegen und schon hat man hat seine eigene Badewanne mit warmem Wasser, weil da unten nämlich thermisches Gebiet ist. Friert ihr zu Hause?«

Er sagt das mit einem süffisanten Lächeln, das an Schadenfreude grenzt.

»Nein, wir frieren nicht. Wir kuscheln uns abends in warme, flauschige Decken, essen Spekulatius und schauen ins flackernde Kaminfeuer.«

»Spekulatius wären wirklich nicht schlecht«, meint mein Sohn und sieht jetzt ein wenig verträumt aus.

»Man kann schließlich nicht alles haben«, stichelt Jessica.

»Dafür hast du eine stressfreies Zeit in Neuseeland, kannst relaxen und mal wunderschön entschleunigen«, nehme ich Marvin in Schutz.

»Von wegen. Wenn man hier Bus fährt, ist das irgendwie genau das Gegenteil. Jeder Busfahrer heizt hier richtiggehend durch die Gegend. Als wir heute in einem Siebensitzer nach Whangarei gefahren sind, haben in den Kurven die Reifen gequietscht. Soviel zum Thema Entschleunigung.«

»Na, dann halt dich mal fest. Übrigens werde ich dich besuchen.«

Marvin sagt nichts. Er schaut nur.

»Hallo! Hörst du mich? Haben wir eine Störung?«

»Ist das dein Ernst?« Offenbar keine Störung.

»Ja.«

Jetzt reißt auch Jessica die Augen auf und schaut von Marvin zu mir.

»Mama! Was willst du denn in Neuseeland?«

»Meine Güte. Was will Marvin denn in Neuseeland? Vielleicht habe ich auch Lust, mir ein Loch ins Watt zu buddeln und mich in warmes Thermalwasser zu legen.«

»Und wann bitte willst du kommen? Sooooo lange bleibe ich nämlich nicht mehr. Vielleicht noch drei, vier Monate.«

»Wir fliegen nach Weihnachten.«

»Ich fliege da nie und nimmer mit«, protestiert Jessica.

»Das brauchst du doch gar nicht.«

»Warum sprichst du dann von ›wir‹?«, will sie wissen.
»Ich meinte Rainer und mich.«
»Wer ist Rainer?«, fragen jetzt Jessica und Marvin gleichzeitig.
»Rainer ist Development Architekt. Er muss beruflich nach Neuseeland und kann mich mitnehmen.«
»Das beantwortet nicht wirklich meine Frage«, fordert mich Marvin auf, weitere Informationen zu liefern.
»Nun ja, ich habe ihn kennengelernt und wir finden uns sympathisch.«
»Ja, aber fliegt man dann gleich gemeinsam ans andere Ende der Welt?«
»Ich habe mir vorgenommen, eine Auszeit zu nehmen. Und wann, bitteschön, soll ich Träume realisieren, wenn nicht jetzt? Soll ich warten, bis zu meiner Depression auch noch körperliche Gebrechen kommen? Es gibt so einen abgedroschenen Spruch: ›Träume nicht dein Leben, lebe deinen Traum.‹ Jeder kennt ihn, doch wer setzt ihn um? Wohl die wenigsten. Ich habe es erfahren, was dabei herauskommt, wenn man zu seinen Herzenswünschen immer nur nein sagt. Ich habe zu oft nein gesagt. Am Ende war es ein großes Nein zu mir selbst. Das soll mir nicht mehr passieren. Ich fliege nach Neuseeland.«
Keiner wagt zu sprechen.
Marvin nimmt sich ein paar Erdnüsse aus einer Tüte.
»Also, dann sehen wir uns ja bald. Und vergiss die Schaufel nicht.«
»Wieso Schaufel?«
»Na, für deine Badewanne.«
Jetzt müssen wir alle drei loslachen.

»Ja, klar doch. Ich flieg doch nicht nach Neuseeland ohne Schaufel!«

Jetzt gibt es kein Zurück mehr. Das einzige, was mich jetzt noch aufhält, sind meine anderen Herzenswünsche. Ich beginne mit dem Kaffeevollautomaten. Das ist schnell erledigt, denn diese Dinger gibt es wie Sand am Meer. Der Plan, meinen geheimsten Wünschen endlich Raum zu lassen, beflügelt mich. Im Elektrofachmarkt meines Vertrauens lasse ich mich beraten. Was ungefähr drei Stunden in Anspruch nimmt. Denn ich will alles über Kaffeevollautomaten wissen. Fazit: Sie sind zickig. Denn man muss sie regelmäßig entkalken, durchspülen (unwillkürlich muss ich an die Darmspülung von Frau Kahl denken), die Düsen reinigen und sogar programmieren. Wie gut, dass ich einen Development Architekt an der Hand habe. Als ich alles über Entkalkungstabletten, komplexe Reinigungssysteme, Wartung und die Beschaffenheit von Kaffeebohnen erfahren habe, wähle ich eine rote Maschine. Der Rest ist mir egal. Die Entscheidung fiel intuitiv. Mein Kopf schwirrt, er hat zu viele Informationen auf Pro- und Kontralisten zu verteilen. Ich verliere den Überblick, lasse alle rationalen Überlegungen sausen und nehme das Gerät, das mir am besten gefällt. Einfach so. Der Verkäufer ist ebenso entnervt wie ich und packt mir die Maschine bereitwillig ein.

Mit dem Mini-Cabrio wird es schon etwas schwieriger. Zwar stehen in diesem Fall bereits Fabrikat und Marke fest, doch ein Auto kauft man nicht mal eben so. Daher rückt der Mini auf der Prioritätenliste etwas weiter nach unten. Neuseeland ist jetzt wichtiger.

Doch ein weiterer Punkt meiner Liste sticht mir plötzlich ins Auge: ein zehn Jahre jüngerer Lover.

»Corina, ist es wirklich das, was du willst?«, fragt mich meine innere Stimme.

»Hmm, schlecht wär's ja nicht. Aber muss das gleich sein?«

Vielleicht hat's damit noch ein wenig Zeit. Bevor ich die heimische Scholle verlasse, will ich mir ja nicht noch den Ruf versauen. Noch denken alle, ich sei eine tadellos saubere Journalistin, kritikresistent und schmutzabweisend. Wäre doch zu schade, wenn ich dieses Bild, das ich in der Öffentlichkeit darstelle, durch üble Bettgeschichten zunichte machen würde. Den zehn Jahre jüngeren Lover muss ich also erst noch entdecken. Wenngleich es dann wieder gefährlich um meinen Serotonin-Spiegel wird. Dagegen sind mir die pragmatischen Wünsche meiner Liste derzeit wesentlich sympathischer. Wie der Schokobrunnen beispielsweise. Um die Auswahl unter mannigfaltigen elektrischen Geräten ähnlichen Typs und fast identischer Machart etwas zu vereinfachen, entscheide ich mich für eine Online-Bestellung. Die zunehmende Vereinsamung im virtuellen Zeitalter hat doch auch ihre Vorteile. Man bekommt sofort, was man will - auch ohne verpflichtende zwischenmenschliche Kontakte eingehen zu müssen. Warum aber will ich das eigentlich nicht? Weil ich nicht will, dass sich die Vergangenheit wiederholt? Da fällt mir ein, dass ich etwas Wesentliches vergessen habe: Wollte ich nicht Frieden schließen mit meinen Expartnern? Bloß wie? Wie einem Exmann vergeben, der einem die Pest an den

Hals wünscht? Wie einem Verflossenen die Hand reichen, der die zehn Gebote predigt, aber beim Treueschwur selbst schwer strauchelt? Ich rufe Sabine an.

»Wie vergebe ich den Kerlen?«, will ich wissen.

»Liebste Corina, was willst du denn vergeben?«

»Dass sie mich ausgenutzt, gedemütigt haben, verdammt!«

»Und wo hast du dich selbst ausgenutzt und gedemütigt?«

»Wieso ich?«

»Sie sind deine Spiegel, meine Liebe. Sie können dir nur das antun, was du dir selbst antust. Sie sind deine Lehrmeister. Sie wollen dich auf etwas in deinem eigenen Innern hinweisen, das noch nicht erlöst ist. Danke ihnen, denn sie zeigen dir den Weg.«

»Ist das dein Ernst? Meinen verkrachten Beziehungen soll ich dankbar sein? Weißt du, wie viele Jahre mich diese Männer gekostet haben?«

»Corina, du wusstest es damals nicht besser. Verzeih erst mal dir. Und dann erkenne, dass du an diesen Problemen, die du mit diesen Männern hattest, gewachsen bist. Was wärst du denn, wenn alles glatt gelaufen wäre in der Ehe? Doch wohl immer noch ein Hausmütterchen, das sich grämt, sein Leben nie selbst in die Hand genommen zu haben.«

Da muss ich ihr Recht geben. Erst nach dem Ehe-Desaster habe ich mich aufgerafft und meinen beruflichen Weg eingeschlagen, habe gelernt, auf eigenen Füßen zu stehen. Und auch die Beziehung zu Stefan hatte seinen Sinn, denn ich wollte gar keine echte Verpflichtung eingehen, daher war es mir gerade recht, dass er bereits verheiratet war und sich die Kirche als ein weiteres Hindernis zwischen uns herausstellte. Nur zu praktisch war das. Erst jetzt bin ich bereit, das auch zuzugeben.

»Du hast recht«, antworte ich. »Im Grunde waren diese Beziehungen nur zu meinem Besten. Wenn nur all das Leid nicht gewesen wäre.«

»Hättest du denn sonst etwas geändert? Wärst du etwa aus einer symbiotischen Beziehung mit Suchtcharakter Knall auf Fall ausgestiegen, hättest dich auf deine eigenen Fähigkeiten und Talente verlassen, wenn deine Seele nicht gebrannt hätte?«

»Nein, wahrscheinlich nicht.«

»Siehst du. Und wärst du über deine emotionale Abhängigkeit von deinem vergötterten Pfarrer hinausgewachsen, wenn du nicht unter diesem Nichthaben-können-was-man-begehrt gelitten hättest? Siehst du?«

»Ich habe doch noch gar nichts geantwortet«, wende ich zaghaft ein.

»Macht nichts, ich kenne die Antwort. Also meine Liebe, erkenne erst, dass alles, was geschehen ist, seinen Sinn hatte. Und vergebe dann, wenn du meinst, dass es etwas zu vergeben gibt. Aber fange bei dir an. Und vergiss die Sache mit der Schuld. Die gibt es nicht, es sei denn, wir reden sie uns ein. Schuld ist nichts als eine überflüssige Illusion, die dich krank macht.«

»Hast du nicht irgendwas Handfestes, woran ich mich orientieren kann? Vergeben muss ich nicht, weil es nichts zu vergeben gibt. Schuld ist eine Illusion. Woran kann ich mich denn orientieren?«

»Am Hier und Jetzt. Vergiss die Vergangenheit, vergib meinetwegen, zünde eine Kerze an, wenn du dir die alten Gefühle, die dich an die Männer binden, losgelassen hast. Die Vergangenheit ist tot, es sei denn, wir erschaffen sie ständig neu. Doch auch dann findet sie nur jetzt statt. Grüble nicht über Vergangenes, sorge dich nicht über die Zukunft, sonst verpasst du das, was jetzt ist. Was ist übrigens mit Neuseeland? Wann fliegst du?«

»Gute Frage. Da muss ich Rainer fragen.«

»Welchen Rainer?«

»Na, den Mann den ich bei ›Click and Love‹ kennengelernt habe.«

»Heißt das, du fliegst nicht alleine?«

»In der Tat.« Ich kläre sie auf.

»Ich sage nur: Du spinnst. Aber so, wie du jetzt spinnst, gefällst du mir bedeutend besser.«

Um endlich in Frieden leben zu können, zünde ich zu Hause zwei Kerzen an. Eine für Stefan und eine für Markus. Ich setze mich davor und stelle mir vor, dass ich beiden Männern einen Kuss zur Versöhnung schicke. Das klappt noch recht gut. Bis mir einfällt, dass mir Markus bei der Scheidung sogar die Waschmaschine streitig machen wollte. Und dass sich Stefan bald nach unserer Trennung mit einer anderen getröstet hat. Nicht genug, dass er mich mit seiner Frau betrog, musste sich der Heiligenscheinträger gleich eine neue Geliebte von Gottes Gnaden anlachen. Verflixt, das will nicht klappen! Ich zünde eine dritte Kerze an. Für meinen toten Vater. Auch ihm will ich vergeben. Das fällt mir deutlich leichter. Ich wurde leider doch nicht die perfekte Tochter, die er sich vorgestellt hatte. Ich musste irgendwann vor diesen Ansprüchen kapitulieren. Das Haar allerdings hatte ich mir nachträglich noch blonder gefärbt. Warum auch immer. Sicher wollte ich nicht beweisen, dass ich zur arischen Rasse gehöre. Oder doch? Als Späher war mein Vater dafür verantwortlich, feindliche Lager auszuspionieren und begab sich dabei ständig in Lebensgefahr. Er tat es aus Überzeugung, aus Liebe zum Heimatland und aus Loyalität zum Führer. Heute weiß er es sicher besser. Darum empfinde ich für ihn nur ein warmes, weiches Gefühl. Und mir wird klar: Ich selbst habe den Perfektionismus von mir gefordert. Denn der Mechanismus funktioniert immer noch. Er macht nicht Halt vor der nächsten Generation. Ich will immer noch die Beste sein, die damit Papas Bewunderung einkauft. Ich blase die Kerzen aus. Ja, Sabine hat recht. Ich muss erst mal mir selbst vergeben.

Wie finde ich das Beziehungsglück, jetzt, jenseits der vierzig? Rainer mag ein potentieller Lebensabschnittsgefährte sein, aber bin ich überhaupt bereit, mich ohne jeden Vorbehalt in eine Beziehung zu stürzen - so, wie ich es früher noch konnte? Gemeinsame Kinder wird es nicht mehr geben, die Zeit der hormonellen Höhenflüge ist ebenfalls vorbei. Was aber bindet mich heute an einen Mann? Das Bedürfnis, finanziell versorgt zu sein? Also bitte! Der Wunsch, eine bessere Hälfte zu finden? So ein Schwachsinn! Ja, was denn? In der Tat hätte ich nichts dagegen, meinen Kopf zuweilen an einer starken Schulter anzulehnen, auch, wenn ich selbst genug Geld habe, mir einen stabilen Ohrensessel zu kaufen. Ich würde manchmal gerne eine Hand greifen, einfach nur, weil es sich so gut anfühlt. Und ich würde gerne ein zweites Gedeck hinstellen - aber nur manchmal. Ich würde es auch genießen, wenn mir jemand Spaghetti kocht, sie mir in einem überdimensionierten Teller serviert und mir verbietet, die Küche zu betreten. So eine zweite Chance lebt von den leisen Tönen, von den Gesten dazwischen. Sie muss ohne die großen Stützpfeiler des Lebens wie Nachwuchs, Hausbau und die überfließende Energie der Jugend auskommen. Ob das mit Rainer klappt? Und ob die Architektur in meinem Gehirn den Platz für die gelassene, wohldosierte Selbstverständlichkeit einer Liebe nach der Midlife-Crisis zulässt? Ich muss das wohl alles auf mich zukommen lassen. Das lässt sich wohl kaum planen. Apropos planen - ich sollte mich wohl so langsam auf die Reise vorbereiten. Oder soll ich doch lieber erst den Schokobrunnen bestellen? Sicher wird mein Serotoninspielgel schon beim Gedanken an über wohlgeformte Kaskaden fließende flüssige Schokolade exponentiell wachsen. Ach, wie einfach ist es doch, glücklich zu sein!

Der Tag unserer Abreise rückt näher. Weihnachten ist schnell vorüber. Gewünscht habe ich mir nichts, da die Punkte auf meiner Liste nur von mir selbst zu erledigen sind. Sonst macht die Wünschetherapie keinen Sinn. Mein Unterbewusstsein soll erfahren, dass ich für mich sorgen kann und dass ich meine Bedürfnisse ernst nehme. Denn mit jedem Wunsch, den ich mir erfülle, stärke ich die Bindung zu meinem Herz.

Jessica freut sich bereits, die Ferien bei ihrer Oma zu verbringen, während ich dabei bin, »potentielle

Lebenspartner zu casten«, wie sie sagt. Mein Gott, als ob es nur darum ginge! Ich bin aufgeregt, ja, aber wer wäre das nicht in meiner Situation? Was ist, wenn mein zwischenmenschliches Vokabular schon in den ersten Flugstunden erschöpft ist? Immerhin war mein Mitteilungsbedürfnis in den Wochen im Krankenhaus sehr überschaubar - und hat sich seither nicht wesentlich erweitert. Wenn man bedenkt, dass ich jahrelang auf der Titelseite des Lokalteils städteübergreifend für Gesprächsstoff gesorgt hatte ...

Meine zwischenmenschlichen Kontakte finden vorwiegend im virtuellen Raum statt. Den Schokobrunnen bestelle ich via Internet, mit Rainer kommuniziere ich per E-Mail, die anderen Kandidaten inspiziere ich online und geschäftlich läuft zurzeit ohnehin nichts. Die Wetterprognosen für Neuseeland checke ich über die Homepage meines Sohnes, mit dem ich im Übrigen munter weiterskype. Weihnachtseinkäufe erledige ich mit einem Klick. Ich frage mich jedoch, ob mich das nicht ein wenig vereinsamt. Wäre es meiner Heilung nicht dienlich, wenn ich einen Menschen spüren könnte, während ich mit ihm rede? Entgeht uns nicht ein gewaltiges Stück Lebensqualität, wenn wir echte, gefühlte menschliche Nähe durch bloßen Informationsaustausch über Glasfaserkabel ständig ersetzen? Ich schalte die Kiste aus und rufe Rainer an.

»Wie wär's, wenn wir uns vor unserer Neuseelandfahrt noch mal treffen? Ich meine, vielleicht wäre es gut, wenn wir uns vorher noch ein wenig beschnuppern könnten.«

»Du hast wohl Lampenfieber?«

Das gebe ich allerdings ungern zu. Aber er hat recht. Sollte ich mich nicht vielmehr meinen Dämonen stellen, als schon wieder zu flüchten? Nach Neuseeland, Timbuktu oder in die Arbeit? Das Antidepressivum hält mich auf Sicherheitsabstand zu meinen Problemen, und ich fürchte, ich will schon wieder zu viel auf einmal. Was ich brauche, ist eine tragfähige soziale Beziehung, einen Sinn in meinem Leben, an dem ich mich orientieren kann, der mir Halt gibt - und ich brauche Raum für meine Seele.

»Ich bin es einfach leid, über meine Grenzen zu gehen. Und ich möchte ehrlich mit mir und mit dir sein. Ich glaube, ich habe mich komplett überschätzt.«

»Das heißt, du willst nicht mitfliegen?«

»Das weiß ich noch nicht.«

»Aber was ist mit deiner Wahrsagerin? Sie hat dir doch vorausgesagt, dass du nach Neuseeland fliegen wirst.«

»Ich entscheide doch, was ich tue, nicht die Wahrsagerin.«

Diese Antwort scheint ihm jetzt nicht zu gefallen.

Verdammt, ich muss auf dem Teppich bleiben. Wir beenden das Gespräch ohne klaren Entschluss. Unzufrieden schaue ich nach, ob es Nachrichten von Marvin gibt. Ja, er hat geschrieben. Gierig verfolge ich seine Schilderungen.

»Wir haben uns einen Weg gesucht, auf dem wir gut nach Rotorua reinkommen. Natürlich über Schotterpiste, Highway ist ja langweilig«, schreibt er in seinem gewohnt lockeren Stil.

»Da sind wir dann auch an der Hell's Gate vorbeikommen. Wir wussten eigentlich erst nicht richtig, was es ist. Also haben wir angehalten, sind aus dem Auto ausgestiegen - und haben sofort gewusst, was die Hell's Gate ist. Uns kam nämlich sofort der Geruch von faulen Eiern in die Nase gekrochen - und das heftig. Ja okay. Das war dann im Endeffekt ein Thermal-Park für dreißig Dollar Eintritt ... Aber muss man ja gesehen haben.«

Das muss ich nicht haben, schoss es mir sofort in den Kopf.

»Beim Eingang haben wir erst mal die Füße in den warmen Schlamm gestellt. Die Tour hat dann etwa so eine Stunde gedauert. Überall gab's verschiedene kleine Seen mit unterschiedlichem pH-Gehalt und Temperatur.

Der Park war früher sehr bekannt unter den Maori, die haben hier zum Teil auch in den heißen Bädern gekocht. Aber vor allem haben sich hier die Krieger nach Kämpfen gereinigt und die Wunden heilen lassen.

Dann haben wir noch einen Wasserfall gesehen - zwar nicht so mächtig, aber der größte Warmwasser-Wasserfall auf der südlichen Hemisphäre.

Einige Schilder haben uns Geschichtliches dazu erklärt: Der Silberfarn ist zum Beispiel ein bekanntes Symbol Neuseelands, da die Maori-Krieger bei Übergriffen immer mit zwanzig bis dreißig Kriegern in der Nacht unterwegs waren und somit auch irgendwie navigieren mussten, so dass auch alle schön dem Anführer folgten. Also hat der Erste der Gruppe immer einen kleinen Silberfarn angebrannt und diesen dann als Wegweiser benutzt, der Letzte der Gruppe hat dann den Farn wieder ausgelöscht.

Als die Neuseeländer um 1870 zum ersten Rugby-Spiel auszogen, haben sie überlegt, welches Symbol sie am Besten repräsentieren würde. Der Kiwi war für sie nicht geeignet, weil der von den Maori gejagt wurde und nur bei Nacht rauskommt. Der Silberfarn stand für sie dafür, etwas zu erreichen, ein gemeinsames Ziel zu haben. Wir sind dann in der Mittagshitze weitergefahren und haben unterwegs noch an ein paar Seen angehalten, davon gibt's hier in der Gegend genug.«

Während ich so dasitze und Marvins Reisebericht lese, wird mir bewusst, dass diese verdammte Kiste nicht annähernd das echte Erlebnis ersetzen kann. Marvin wandelt auf den Spuren der Maori – und ich starre auf einen Flachbildschirm.

Schluss jetzt mit dem Lamentieren. Wütend werfe ich ein Buch an die Wand. So kann es doch nicht weitergehen! Da entdecke ich, dass aus dem aufgeschlagenen Buch ein Flyer herausgefallen ist. Ich hebe ihn auf. Plötzlich erinnere ich mich an Olaf, den Heiler. Er arbeitet mit schamanischen Methoden. Vielleicht würde mir das weiterhelfen. Ich rufe ihn an.

»Hallo, Mädchen, wie schön, wieder von dir zu hören! Wo hast du bloß die ganze Zeit gesteckt?«

Ich erkläre ihm in kurzen Zügen meine Krankengeschichte.

Olaf scheint betroffen.

»Komm doch am Wochenende zum Seminar ›Spiegel deiner Seele‹.« Dabei werden die Seelenanteile von anderen Personen verkörpert, ähnlich der systemischen Familienaufstellung. Ich denke, das wäre gut für dich.«

Ich überlege kurz. Wieder eine neue Methode, wieder Hokuspokus? Aber ich möchte es jetzt wissen.

»Ja, ich komme«, höre ich mich laut sagen. Denn ich weiß: Ich muss aus diesem alten Muster raus, wenn ich heil werden will.

Wir sind zu siebt. Olaf nicht mitgerechnet. Er begrüßt mich mit einer herzlichen Umarmung.

»Mensch, ich freu mich so, dich endlich wiederzusehen.«

»Und ich erst.« Olaf hat wie immer eine große Teetasse aus Ton in der Hand. Er hat sie sicher selbst gemacht, denn früher hielt er sich mit Töpferarbeiten über Wasser - bis er einen Schamanen kennen lernte, der in Deutschland Seminare gab. Ihn unterstützte er, indem er die Organisation und das Dolmetschen für ihn übernahm. Dabei lernte er quasi nebenbei die Heilmethoden des Schamanismus kennen und ging bei dem »Medizinmann« in die Lehre. Heute ist Olaf durch seine feinfühlige Art, die man bei Männern eher selten findet, für viele eine Anlaufstelle, die ihre spirituellen Antennen ausfahren und verfeinern möchten. Und jene, die ein akutes gesundheitliches Problem haben, suchen ihn ebenfalls auf.

»Was passiert denn heute?«, frage ich ihn.

»Das weiß ich doch nicht«, antwortet er und zuckt mit den Schultern. »Wir werden sehen, was sich zeigt.«

So ganz wohl ist mir bei der Sache nicht. Wer weiß, was bei diesem Seelenspiegel herauskommt? Ob ich das überhaupt verkraften kann?

Aber viel Zeit zum Grübeln bleibt mir nicht, denn die Gruppe setzt sich schon in einem Kreis um eine flackernde Kerze, die auf einem Tonteller steht, zusammen. Olaf schlägt eine Klangschale an, die muntere Konversation verstummt.

Wir lauschen dem Ton. Er scheint in meinem Innern zu vibrieren. Olaf leitet eine kurze Meditation an. Wir sollen unser Bewusstsein ausdehnen. Ich kann mich gut einfinden in die beruhigenden Worte, die er spricht. Es geht mir gut dabei, meine Gedanken kommen langsam zu Ruhe. Ich komme langsam zur Ruhe. Vertrauen macht sich in meinem Innern breit. Wird schon alles gut werden.

Olaf meint, ich solle als Erste aufstellen. Was das heißt, muss er mir erst erklären. Ich soll mich in die Mitte der Gruppe auf den Teppich setzen. Die anderen, die im Kreis um mich herumsitzen, werden von ihm langsam in eine Trance geleitet. Dabei gehen sie in die Bereitschaft, einen Seelenanteil von mir anzunehmen, eine Schwingung, Energie von mir zu spüren und schließlich zu verkörpern.

»Okay«, denke ich, »wenn's weiter nichts ist. Meine Seelenanteile können sie gerne für eine Weile haben.«

Also setze ich mich in die Mitte und warte, was geschieht. Wieder spricht Olaf mit seiner sanften, beruhigenden Stimme und bittet damit die anderen, sich mit ihrem Bewusstsein auf mich auszurichten und das zu akzeptieren, was kommt, was sich zeigen mag. Mich beschleicht ein beunruhigendes Gefühl. Was ist, wenn ich das Ganze nicht verkraften kann? Bin ich überhaupt bereit, meine Seelenanteile in personifizierter Form um mich herum springen zu sehen? Aber für Zweifel ist es jetzt zu spät. Die anderen sind bereits tief in sich versunken und ändern sukzessive ihre Körperhaltung. Ich wage nicht, zu atmen.

Ulla wirft sich auf den Boden und krümmt sich. Matthias zuckt mit den Beinen und streckt sie ruckartig nach vorne, das Kinn noch immer tief in die Brust gezogen. Margit fasst sich mit der linken Faust ans Herz, die rechte streckt sie schräg nach oben weg. Ich drehe mich im Kreis und weiß nicht recht, was das alles soll. Bin ich hier Zeuge eines bizarren Schauspiels? Oder laufen hier tatsächlich heilsame Prozesse ab? Noch kann ich die Sache nicht einordnen und halte mich mit jeglicher Regung zurück. Olaf aber fragt mich, ob ich irgendeinen Impuls verspüre. Tue ich nicht. Ich will nur beobachten. Wie sich die Figuren verwandeln, wie Ulla sich auf dem Boden krümmt wie ein Wurm, Matthias jetzt schnurgerade dasteht und zum Stechschritt ausholt, wie Margit scheinbar schmerzerfüllt zu Boden sinkt. Was soll das?

Als Matthias zum Soldatenmarsch ansetzt, den rechten Arm wie zum Hitlergruß von sich streckt und den Raum auf- und abschreitet, durchfährt mich ein Schrecken: mein Vater. Er verkörpert meinen Vater - oder zumindest einen Teil von ihm. »Ich bin im Dienst«, herrscht er mich da auch schon an und schlägt die Hacken zusammen. Das kann doch nicht wahr sein!

In welchem Horrorkabinett bin ich da gelandet? Ich blicke hilfesuchend zu Olaf. Dieser bleibt weiterhin gelassen, fragt mich nur, ob ich mich nicht um Margit kümmern möchte. Sie scheint sehr zu leiden, liegt zusammengekauert am Boden. Ich gebe mir einen innerlichen Ruck und rutsche auf den Knien zu ihr. Olaf meint, ich solle meine Hand auf ihr Herz legen. Mit der anderen Hand versuche ich, ihren rechten Arm ein wenig zu entspannen und in seiner statisch ausgestreckten Form etwas abzuwinkeln – was mir aber nicht gelingt. Die Faust ragt in die Höhe, während der Rest des Körpers erschlafft am Boden liegt. Hält auch sie den Hitlergruß aufrecht? Obwohl sie derart leidet? Die Szene ist gespenstisch. Ich habe niemandem etwas von meinen Herzschmerzen erzählt, niemand weiß von der Geschichte meines Vaters, nicht mal von meinen Depressionen und dem Burnout-Syndrom habe ich erzählt. Umso mehr bestürzt mich, was sich hier abspielt. Olaf bleibt meine Ratlosigkeit nicht verborgen. Zusammen kümmern wir uns um Margit – oder vielmehr, um meinen Seelenanteil, der offenbar meine Herzschmerzen verursacht. Margits Augen sind geschlossen, sie zittert. Ich intensiviere meinen Druck auf ihre Brust und rede ihr beruhigend zu. Das scheint mir gut zu gelingen, denn sie beruhigt sich unter unser beider Anteilnahme. Nun macht es mir nichts mehr aus, mit einer fremden Person wie zu meinem eigenen Selbst zu sprechen, ich fühle mich mehr und mehr hineingezogen ins Geschehen, das sich zwar außen zeigt, sich aber vielmehr in meinem Innern abspielt. Margit hechelt nun, als läge sie in den Wehen. Ich merke, dass sie auf einem guten Weg ist. Doch da unterbricht das monotone Getrampel von Matthias die heilsame Szenerie. Er stört. Sehr sogar.

»Der soll Ruhe geben da hinten«, schimpfe ich laut. Die Geschichte nimmt mich nun mit in ihre Mitte, ich fühle mich längst nicht mehr außen vor als bloßer

Beobachter. Ich realisiere vielmehr, dass ich hier gebraucht werde, dass nur ich das richten kann, was hier in Unordnung geraten ist.

»Ich bin im Dienst«, erschallt es in einem harschen Ton. »Ich führe Befehle aus.«

»Jetzt nicht mehr«, rufe ich wütend zurück und wundere mich selbst über meine Unnachgiebigkeit. Margit fängt wieder an zu wimmern.

»Der soll ruhig sein«, winselt sie und kauert wieder jämmerlich in der Ecke.

»Magst du ihm sagen, dass er sich hinlegen und entspannen soll?«, fragt mich jetzt Olaf.

»Ja, das ist eine gute Idee«, antworte ich. Meine Füße sind schon fast gefühlstaub, so lange habe ich in der Hocke verharrt. Ich gehe zu Matthias. Ich schreite, muss an Schwester Cho und die Heileurythmie denken.

»Entspann dich«, sage ich zu ihm. Es ist, als würde ich an eine Wand sprechen. Das Kreuz durchgedrückt steht er da, die Hand hält er zum Soldatengruß fest an der Schläfe.

»Ich bin im Dienst«, bellt er mich an. »Im Dienst für Führer, Volk und Vaterland.«

Mich schaudert. Als würde mein Vater zu mir sprechen. »Sein Vaterland« war ihm heilig, wie oft hatte ich als Kind dieses Wort gehört: Unser Vaterland.

Da kriecht Ulla von hinten an uns heran und macht sich an den Fesseln von Matthias zu schaffen. Dieser schüttelt sie ruckartig ab. Ich knie nieder.

Ulla lässt die Zunge heraushängen. »Sie sieht mich nicht wirklich«, stöhnt sie. Dabei zeigt sie auf mich.

»Wer bist du?«, frage ich.

»Ich hänge an dir, an einem ganz dünnen Faden, du ziehst mich ständig hinter dir her. Aber du weißt es nicht.«

»Wer bist du?«, frage ich erneut.

»Ich bin das Moorige, Dunkle, Tote«, zischt sie.

Mir wird unheimlich. Dann wende ich mich wieder Matthias zu und gehe einen Schritt zurück. Ulla folgt mir.

»Entspann dich!«, fordere ich ihn erneut auf. Ohne Erfolg.

»Niemals. Ich bin im Dienst. Ich muss unser Vaterland verteidigen.«

Er macht eine Bewegung mit den Armen, als würde er sein Gewehr ins Halfter stecken.

»Du musst es ihm befehlen«, flüstert da Olaf.

Okay, befehlen also.

»Entspann dich! Ich befehle es dir!«

»Wer befielt das?«, kontert Matthias sofort.

»Der Führer!«

»Der Führer?« Für einen Moment stutzt Matthias. Doch sofort hat er seine Fassung wieder.

»Ich werde nie entspannen. Ich muss meine Kameraden beschützen und den Feind vernichten. Ich bin im Dienst.«

Ich bin ratlos.

»Es reicht auch, wenn du ihm befielst, sich einfach nur hinzulegen«, schlägt Olaf nun vor.

Seine Stimme klingt wie ein leises Raunen zwischen den Tönen, die Matthias wie ein Maschinengewehr ausstößt.

»Leg dich hin! Jetzt!«, befehle ich ihm streng. Ich bin empört, aufgebracht, sein Widerstand macht mich wütend. Doch jetzt scheine ich Erfolg zu haben. Matthias stutzt kurz und legt sich dann hin. Nicht entspannt, sondern ruckartig, immer noch kerzengerade und in seinem Innern fast erstarrt, wie eine seelenlose Marionette, die an den Fäden des Führers hängt.

Sofort kriecht Ulla heran und macht sich an Matthias Füßen zu schaffen. Sie faucht wie ein wildes Tier, fletscht die Zähne und wird einer düsteren, unheimlichen Moorleiche, wie man sie sich in den schlimmsten Gespenstergeschichten vorstellt, immer ähnlicher.

Plötzlich greift sie Matthias an und würgt ihn. Dieser reagiert sofort und packt sie an den Schultern, rüttelt sie, würgt sie ebenfalls. Die beiden ringen nun miteinander, als ginge es um Leben und Tod.

»Der Russe!«, schreit Matthias. »Der Russe muss vernichtet werden! Tötet ihn!« Unerbittlich schlägt er auf Ulla ein.

»Ich bin der Feind«, brüllt Ulla. »Ich bin all die Toten, die du auf dem Gewissen hast.«

Da greift Olaf ein und drängt sich zwischen die beiden. Er bittet mich, es ihm nach zu tun.

Die Situation ist unheimlich. Ich sitze zwischen meinen eigenen Seelenanteilen und versuche gerade, Harmonie zwischen beiden herzustellen. Zwei Extreme, die wohl schlimmer nicht sein könnten sind der Aspekt meines Vaters, der sich mit übertriebenem Eifer und blindem Gehorsam wie paralysiert in die Schlacht zu werfen bereit ist, und der Aspekt, den er auf dem Gewissen hat: die personifizierte Schuld.

Matthias brüllt. Es ist ein bestialisches Brüllen und gleichzeitig ein verzweifeltes Hinausschreien. Da tönt Olaf ein »Ohhmm« an, ganz gemächlich, bricht dadurch einen Bann und bringt langsam Entspannung in den tobenden Konflikt.

Ich befehle Matthias, die Augen zu öffnen, denn ich will ihm sagen, dass der Krieg längst vorbei ist. Er gehorcht erst, nachdem ich meinen Befehl mehrmals widerholt habe und blickt mich nun an.

»Der Krieg ist vorbei«, sage ich.

Doch da geht es schon wieder los.

»Der Krieg ist niemals vorbei. Ich kann doch meine Kameraden nicht im Stich lassen.«

Ich wiederhole: »Der Krieg ist vorbei. Es ist Frieden.«

Ein langer und fragender Blick trifft mich von unten.

»Wer hat gewonnen?«

»Das ist egal.«

»Das ist nicht egal. Wir haben gekämpft. Das kann doch nicht alles umsonst gewesen sein. So viel Blut ist geflossen.«

Matthias schluchzt erbärmlich. Mit schmerzverzerrtem Gesicht stößt er hervor:

»Wir haben so schlimme Dinge getan, so schlimme Dinge getan. Kinder an die Wand geworfen, Frauen vergewaltigt, Menschen in die Luft gesprengt. Ich habe getötet, es waren viele.«

Da bäumt sich Ulla wieder auf und springt Matthias mit schauerlichem Gebrüll an den Hals. Olaf besänftigt beide und tönt wieder ein »Ohhmm«.

Matthias brüllt weiter, schluchzend und klagend:

»Ich muss zu meinen Kameraden halten. Wir haben

das alles nur mit viel Alkohol ausgehalten. Wir mussten trinken, viel trinken.«

»Aber jetzt ist es vorbei«, sage ich eindringlich und hoffe, dass er endlich aufwacht. »Das alles war ein Wahn und es ist Vergangenheit. Jetzt ist Friede.«

Olaf wirft ein: »Sag ihm, dass er tot ist.«

»Du bist tot. Es ist vorbei.«

»Tot?«

Stille breitet sich aus. Die Information scheint ihn geschockt zu haben.

Nein, doch nicht. Er tobt schon wieder los.

»Ich darf nicht leben. Ich darf nicht übrig bleiben, ich muss bei meinen Kameraden bleiben. Ich darf sie nicht im Stich lassen. Sie sind alle tot, und ich habe sie im Stich gelassen.«

Das Drama erfasst mich. Ich bin komplett in die Geschichte hineingezogen, fühle diese schier unerträgliche Pein.

Da setzt sich Margit zu uns, das gebrochene Herz. Sie legt sich mit dem Oberkörper auf Matthias und Olaf tönt ein »Ohhmm«. Da stimmt auch Margit mit ein, Ulla auch, und so töne auch ich mit. Auf der höchsten Stufe des Dramas zeichnet sich nun eine Versöhnung ab. Alle tönen wir im gleichen Ton, auch Matthias stimmt ein. Doch da brüllt er wieder los, bäumt sich auf, und plärrt dieses »Ohhmm« hinaus, als würde er die schrecklichen Gräuel des Krieges damit erlösen. Es ist mystisch, ich liege da mit Gänsehaut, Tränen laufen mir über die Wangen, ich weiß nicht, welcher Geist gerade über uns gekommen ist, aber ich weiß, dass hier etwas am Werk ist, das größer und mächtiger ist als ich.

»Ohhmm«, klinge ich zitternd mit. Wie ein schwer Verwundeter brüllt Matthias, doch er hat nun begriffen, dass es vorbei ist.

»Wir haben so schreckliche Dinge getan«, schluchzt er. Von dem obrigkeitstreuen Soldaten, der die Hacken zusammenschlägt, ist er inzwischen weit entfernt. Ein Einsehen scheint stattgefunden zu haben.

Da beugt sich Olaf über ihn: »Es ist vorbei. Die Deutschen haben verloren, aber das ist nicht mehr wichtig.«

Dicke Tränen laufen Matthias über das Gesicht und lassen seine Brillengläser beschlagen.

Margits »Ohhmm« erklingt nun rhythmischer. Wie ein Knäuel liegen alle wir beieinander. Stefanie und Gabi, die nur als Zuschauerinnen dieser Aufstellung beiwohnen, sollen mittönen, gibt ihnen Olaf zu verstehen. Ich stelle mir gerade einen Indianerstamm vor, wie er um das Feuer tanzt und dabei die typischen Heulleute ausstößt. Die Q'eros kommen mir wieder in den Sinn, der Häuptling, von dem ich geträumt habe in jener Nacht im Krankenhaus nach den Munay-Ki-Einweihungen mit Simon. Und wie groß meine seelische Pein damals war. Damals! So lange ist das noch gar nicht her. Auch die kleine Gruppe bei Olaf kreist nun um ein seelisches Feuer, das gerade auf höchster Flamme lodert. Dieser hat plötzlich ein Didgeridoo in der Hand und bläst hinein, unterstützt damit unseren Feuertanz. Alle tönen wir nun in einem gemeinsamen »Ohhmm«. Stefanie geht über zu einem »Shanti, shanti«. Und ich klinke mich ein und rufe »Frieden, Frieden«. Ich lege mein Ohr auf Matthias Brust, seine Hand halte ich ebenfalls. Mit der anderen Hand fasse ich Ullas Hand. Margit stützt sich weiterhin auf Matthias und ruft ihr rhythmisches »Ohhmm«. Ich weiß nicht, wie lange wir so weitermachen, eine geraume Zeit wahrscheinlich. Endlich aber scheint sich Ruhe über Matthias gesenkt zu haben. Er wehrt sich nicht mehr, brüllt auch nicht mehr. Tatsächlich scheint er Frieden gefunden zu haben. Unsere Laute werden immer harmonischer. Endlich. Irgendwann verstummt Olafs »Ohhmm«. Auch die anderen schließen sich der Stille an. Ich blicke hoch, von draußen dringt Dunkelheit herein. Wo war ich?

»Du kannst dich jetzt bei deinen Spiegeln bedanken und sie aus ihrer Rolle entlassen«, fordert mich Olaf auf. Als wären wir gerade eben alle von einer Trance aufgewacht, schauen wir uns an. Ich umarme zuerst Matthias, dann Ulla, dann Margit.

»Ich danke euch und entlasse euch aus eurer Rolle«, bringe ich erschöpft, aber pflichtschuldigst hervor.

Wir sind alle plötzlich sehr befangen, keiner mag sprechen oder einfach zur Tagesordnung übergehen. Nacheinander rappeln wir uns langsam auf. Olaf geht Tee kochen und hantiert mit seinem Tongeschirr in der Küche. Matthias steht auf und springt ein paar Mal auf und ab. Margit reißt die Tür auf und geht an die frische Luft. Ulla muss aufs Klo.

Ich folge Margit. Sie hat völlig verweinte Augen, die Wimperntusche zieht unschöne Schlieren über ihre Wangen.

»Hat dich die Situation derart mitgenommen?«, frage ich.

Sie schaut mich matt an. »Ich brauche noch ein bisschen«, haucht sie, geht rein und besprengt sich mit einem ätherischen Öl. Ich fühle mich irgendwie verantwortlich, immerhin haben alle wegen mir so gelitten – oder vielmehr wegen meiner Seelenanteile.

Da kommt Olaf aus der Küche, wir setzen uns alle wieder.

»Das war die heftigste Aufstellung, die ich je erlebt habe«, sagt Margit. »Wir haben hier auf mehreren Ebenen gearbeitet. Wir haben deine Seele geheilt, die deines Vaters und gleichzeitig haben wir für den Frieden zwischen den Völkern gesorgt.«

»So langsam fange ich an, zu verstehen«, sage ich. »Jetzt weiß ich, dass mich die Gräuel des Krieges bis heute begleitet haben, obwohl ich gar nicht dabei war.« Ich blicke in die Runde und wundere mich selbst, wie die Worte geradezu aus mir heraus purzeln.

»Als ich Kind war, hat mir mein Vater seine Kriegserlebnisse jeden Abend als Gutenachtgeschichte serviert. Er war ein guter Erzähler.«

»Aber dein Herz ist dabei gebrochen«, unterbricht mich Margit.

»Wieso? Das verstehe ich nicht. Ich wollte sie doch auch hören. Es war schön, mich im Bett an ihn zu kuscheln und ihm zuzuhören.«

»Klar wolltest du das. Kinder wollen ihren Eltern ja auch helfen und sie fühlen sich unterbewusst auch für sie verantwortlich. Natürlich hast du gerne zugehört. Aber ein Kind kann solche Geschichten nicht verkraften, darum ist dein Herz dabei gebrochen.«

»Kann es denn wieder heil werden?«, frage ich betroffen.

»Daran haben wir ja jetzt gearbeitet. Was heute

geschehen ist, wird sich in den nächsten Tagen und Wochen in dir verfestigen, manifestieren. Wir haben heute den Samen dafür gelegt, damit Heilung wachsen kann.«

Da meldet sich Matthias zu Wort.

»Ich wusste kaum, wie mir geschieht. Zu Anfang konnte ich mir keinen Reim darauf machen, warum mein rechter Arm immer nach oben schnellte. Zum Hitlergruß habe ich im Leben noch nie ausgeholt.«

»Habt ihr meinen rechte Arm gesehen?«, unterbricht ihn Margit. »Er stand unter ständiger Spannung und war auch nach oben ausgestreckt.«

»Ja, das ist mir auch aufgefallen«, antworte ich.

»So sehr hat sich dein Vater mit dem Regime identifiziert. Und dabei ist auch ihm das Herz gebrochen.«

»Es war jedenfalls eine interessante Rolle«, spricht Matthias weiter, »und interessant war auch, dass ich mich darin wiederfand. Das ist auch für mich eine wichtige Erfahrung.«

Während ich die anderen über ihre Erfahrungen mit meinen Seelenanteilen berichten höre, dämmert mir etwas.

»Kann es sein, dass mich diese nimmermüde Dienstbeflissenheit meines Vaters in den Burnout getrieben hat? Und ist die Seele meines Vaters etwa auch zwanzig Jahre nach seinem Tod noch nicht erlöst?«

Olaf wählt seine Worte vorsichtig. »Ich denke schon, dass dein Burnout oder deine Depression mit dieser Geschichte etwas zu tun hat. Sehr wahrscheinlich sogar. Und zu deinem Vater: Ob es die ganze Seele deines Vaters ist, die nicht erlöst war, weiß ich nicht. Vielleicht war es nur ein Anteil seiner Seele, der auf dir lastete wie eine Besetzung und der keine Ruhe fand.«

Olaf spricht mit Teetasse in der Hand. Olaf hat immer eine Teetasse in der Hand.

»Und was ist damit? Matthias, pardon, mein Vater sagte ja, dass er nicht leben darf, weil seine Kameraden alle tot sind. Hat diese Besetzung, wie du es nennst, etwa das mit mir gemacht? Ich meine, dass ich mich quasi beinahe in den Selbstmord getrieben habe mit meiner Arbeitssucht, dem fast Aushungern meines Körpers und schließlich den Selbstmordgedanken? War das etwa gar nicht ich, sondern der unerlöste Seelenanteil meines Vaters?«

»Das denke ich schon«, meint Olaf knapp.

Als ich ihn fragend ansehe, spricht er weiter.

»Sieh mal, du hast jahrelang mit diesem Konflikt gelebt, der ja wirklich keine kleine Sache war. Doch irgendwann ist das System überlastet und bricht zusammen. Das hast du erlebt.«

»Und ich habe hautnah erlebt, wie zwischen zwei verfeindeten Völkern Frieden entstehen kann«, wirft nun Ulla ein. »Es war so schön, wie plötzlich aus Hass Verständnis wurde, wie Versöhnung entstand.«

»Aber warum habe ich dich immer hinter mir hergeschleift?«

»Weil ich ihm an den Kragen wollte. Immer, wenn er sich hinlegte und zur Ruhe kommen wollte, habe ich ihn aus dem Hinterhalt angefallen.«

»Und das spürte er, darum war es ihm kaum möglich, sich zu entspannen.«

So langsam fügt sich alles zusammen wie ein gigantisches Puzzle. Darum fiel es mir so schwer, aus dem Hamsterrad auszusteigen und mir Ruhe zu gönnen.

»Ich war immer in Eile, bin von Termin zu Termin gehetzt, als wäre jemand hinter mir her.«

»Und so war es ja auch«, räumt Ulla ein. »Ich war auch immer hinter dir her.«

Das ganze Drama liegt nun vor mir wie ein offenes Buch. Ich fange an zu begreifen.

Tränen laufen mir über die Wangen. »Mein Vater war völlig durchdrungen von dem Denken der Nazis. Er wollte, dass ich perfekt bin, ich sollte die arische Rasse verkörpern, schließlich war ich sein Fleisch und Blut. Er hat nicht aufgehört, so zu denken, als der Krieg vorbei war. Allerdings habe ich eben nicht die hohe Stirn. Das war ein Manko.

»Ja, und da wunderst du dich, dass dein Herz gebrochen ist?«, fragt Margit.

»Nein, ich verstehe nun.«

In der folgenden Nacht melden sich all meine überwunden geglaubten Symptome wieder: Herzrasen, Unruhe, Schlafstörungen. Ich schrecke mehrmals in der Nacht hoch und habe das Gefühl, bedroht zu sein. Ich frage mich, welcher Dämon mich jagt. Mein Magen macht Geräusche, als würde er Ziegelsteine zermalmen. Offenbar hat die erlebte Geschichte kräftig an mir gerüttelt.

»Dein System muss sich erst auf die neue Situation einstellen«, hatte Olaf gestern noch gesagt. »Es muss sich quasi wieder neu konfigurieren.«

Ich hoffe, dass dieses Update reibungslos vonstatten geht, renne aber schon wieder zur Toilette. Vielleicht sollte ich die Dosis des Antidepressivums wieder erhöhen. Eigentlich wähnte ich mich doch bereits wieder gesund, und nun das! Ich versuche zu schlafen, doch meine Träume sind so lebhaft, dass ich immer wieder aufschrecke – und nicht mehr genau weiß, warum. Einmal durchzuckt es mich und ich finde mich schreiend im Bett sitzend vor. Nachdem ich ein paar Mal tief durchgeatmet habe, sage ich beruhigend zu mir: »Das Alte zeigt sich noch mal, bevor es sich verabschiedet, damit du es auch würdigst.«

Immerhin gehörte dieses Muster jahrelang zu mir. Es hat mich getrieben, gejagt und geängstigt. Aber es war Teil meines Selbst. Und ich habe damit, mit Verlaub, viel erreicht.

Jetzt aber möchte ich eine ruhigere, entspannte Ära einleiten, möchte Freude empfinden und meinen eigenen Weg gehen. Ich möchte die alten Geschichten loslassen.

Laut sage ich: »Ich gehe jetzt meinen Weg. Du, Vater, gehst jetzt ins Licht.«

Dann senkt sich ein tiefer Schlaf über mich.

Am nächsten Morgen fühle ich mich wie gerädert. Pläne habe ich keine mehr. Mal sehen, was der Tag bringt. Ich gehe schlaftrunken zum Computer und sehe nach, ob Nachrichten von Marvin eingegangen sind. Sind sie. Ich freue mich, endlich wieder von meinem Sohn zu hören und merke, wie sehr ich ihn doch vermisse. Er war im Zion Wildlife Gardens, wo es offenbar Löwen gibt. Wie bitte? Hat der Junge sich mit wilden Löwen angelegt?

Offenbar aber hat er keine Blessuren davon getragen, denn er schreibt mir ganze Romane: »Am Eingang haben wir erfahren, dass man kleinen Löwen nahe kommen darf. Dank eines Gutscheins haben wir eine Flasche Wasser bekommen von der Quelle, die sich in der Parkanlage befindet.

Drinnen haben wir gleich einen kleinen Löwen angesteuert: Ela, sechs Monate alte Löwin in einem kleinen, ja, Käfig.

Wir haben dann erst mal Bilder gemacht und gewartet, bis die ganzen Leute weg waren.

Als die dann weiter getrudelt sind zur Löwenfütterung, waren wir die einzigen, die noch da waren. Der Pfleger hat dann die Tür aufgemacht, und ich hab mich zum Löwen reingesetzt, war schon geil ...«

Mein Sohn hat eine Art, sich auszudrücken!

»Wir haben zwanzig Minuten lang mit dem Löwen zusammen gesessen, bevor wir weiter durch den Park gelaufen sind. Die Löwenfütterung haben wir auch noch mitgekriegt - bei den großen Löwen wohlgemerkt.

Als die ganzen Leute dann auch dort wieder verschwunden sind, blieben wir noch ein paar Minuten und haben die großen gestreichelt. - Spaaaaß!«

Mir verschlägt es fast den Atem. Während ich mit den Dämonen meiner Vergangenheit ringe, streichelt mein Sohn wilde Tiere.

»Wir sind dann weiter durch den Park gelaufen, haben aus der Quelle getrunken, sind vorbei an Wallabys, Wildschweinen, Rotwild, Eseln und Truthähnen.

Auf dem Rückweg mussten wir wieder bei Ela vorbei, es war zum Glück niemand da, und so haben wir uns noch mit den Pflegern unterhalten. Nebenan saß noch eine andere Löwin, die war ein Jahr alt, da durften wir dann schon nicht mehr rein ...

Nach ein paar Minuten hat der Pfleger die Löwin komplett aus dem Käfig gelassen, weil nur wir beide da waren. Ich habe sie fotografiert, wobei sie mich auch gebissen hat, aber sie hat zum Glück noch keine Zähne, das ist wie bei einem Welpen. Am Ende mussten wir uns dann sehr beeilen, weil der Chef des Parks kam, der wohl nicht sehen sollte, dass wir so frei bei den Löwen rumlaufen. Wir mussten dann schnell verschwinden, weil der Park eigentlich schon seit einer halben Stunde geschlossen hatte.«

Ich schluckte. Er hat mit jungen Löwen gespielt. Will ich das auch? Will ich neue Abenteuer erleben? Ja, aber ich glaube, ich möchte sie etwas langsamer an mich heranlassen.

Rainer besucht mich zum ersten Mal zu Hause. Ich wollte das so. Es ist ungewohnt. Fast befremdlich. Es ist ein seltsames Gefühl, einen Mann, den ich kaum kenne, ich meine Privatsphäre einzulassen. Es fühlt sich an wie bei einem Bewerbungsgespräch, ich muss jetzt entscheiden: Wird er's oder wird er's nicht?

Ich bitte ihn erst an den Esstisch, den Jessica mit Blumen und Blümchengeschirr schön dekoriert hat. Dann gehen wir ins Wohnzimmer, wo wir nun etwas steif auf dem Sofa sitzen.

»Du hast es dir anders überlegt, stimmt's?« fragt er, nachdem ich ihn mit den technischen Raffinessen meiner digitalen Spiegelreflexkamera gelangweilt habe.

»Wie kommst du denn darauf«, frage ich, etwas zu betont empört.

»Ich denke, ein Gespräch über günstiges Flugwetter, raumschonende Reiseapotheke und Sonnenschutzcremes mit hohem Lichtschutzfaktor wären der Situation wohl erheblich angemessener.«

»Was spricht dagegen, beim Start in den Sommer mitten im Winter die Iso-Empfindlichkeit der Kamera zu checken?«

»Und wie wäre es damit: Sorge unbedingt dafür, die Rauschreduzierung einzuschalten, immerhin fahren wir in ein Land, in dem es von Wasserfällen nur so wimmelt. Willst du mich etwa verarschen?«

Nun gut. Er hat's geblickt. Ich sollte mich der Wahrheit stellen, ist auch viel besser für die Psyche.

»Du hast recht! Ich werde nicht mit dir nach Neuseeland fliegen! Mir ist nicht wohl bei dem Gedanken, jetzt hier schon wieder zu fliehen. Ich sollte mich meiner jetzigen Situation stellen.«

»Dann sag das doch gleich. Welcher jetzigen Situation überhaupt?«

Und dann erzähle ich ihm von meinem Zusammenbruch. Ich packe aus. Ich beichte ihm, wie schlecht es mir ging, wie nah am Abgrund ich war. Denn was soll ich mit einer Beziehung anfangen, in der ich mich wieder nur verstellen muss. Der neue Mann an meiner Seite soll die Wahrheit über mich ertragen können, soll auch meine Schwächen akzeptieren. Lange genug habe ich die Starke, Unbesiegbare gespielt. Ich möchte mich öffnen, möchte mit Menschen zusammen sein, die mich wirklich kennen und nicht nur die Fassade, die ich mit großer Anstrengung aufbaue, bewundern. Eine Beziehung hat nur dann eine Chance, ein Segen für beide zu werden, wenn Ehrlichkeit, Vertrauen und liebevolle Annahme vorherrschen. All dies wird mir bewusst, als ich Rainer von meinem stressigen Vorleben, von meinem hektischen Arbeitsalltag, dem Loslassen meiner Söhne und den Tagen in der Auffangstation St. Vincentius-Klinik erzähle. Er hört mir aufmerksam zu, stellt ab und an Fragen und macht keine Anstalten, mich für mein Versagen zu verurteilen. Ich rede mich regelrecht in Rage, meine Wangen glühen und meine Kehle scheint all dem alten Mist Platz zu machen, der nun hervorbricht. Denn meine Stimme wird laut und voluminös.

Als ich fertig bin, schaut mich Rainer verständnisvoll an.

»Soll ich dir was sagen? Ich war auch mal so weit unten.«

»Was? Du? Du bist doch so beherrscht, so weitblickend und so gut strukturiert? Wie kannst du in einer ähnlich konfusen Verfassung gewesen sein?«

»Ich wollte einfach zu viel auf einmal. Ich habe vor fünf Jahren ein Studium begonnen und dabei trotzdem Vollzeit gearbeitet. An den Wochenenden bin ich nach England geflogen, um den Master of Science zu machen. Von meiner Frau hatte ich zudem keine Unterstützung, sie hat nur auf ihre eigene Karriere hingearbeitet. So haben wir nebeneinander hergelebt. Als Ersatz für die mangelnde Nestwärme in der Beziehung habe ich mich in meine Karriere gestürzt. Eines Tages war das Fass am Überlaufen: Ich konnte nachts nicht mehr schlafen, war nur noch aufgedreht und hätte wahrscheinlich auch noch nachts gearbeitet, wenn ich mental dazu in der Lage gewesen wäre. Erhebliches depressives Vitalsyndrom mit Schlafstörung lautete dann die Diagnose des Neurologen.«

»Und wie hast du das therapiert?«, frage ich.

»Ich stieg erst mal für sechs Wochen aus meinem Job aus. Den Master habe ich geknickt - und von meiner Frau habe ich mich scheiden lassen. Lieber gar keine Ehe als eine, die einen qualvollen langen Tod stirbt.«

»War das alles? Ich meine, die Seele ist doch kein Computerchip. Man muss doch solch einschneidende Erlebnisse auch verarbeiten, verstoffwechseln und in seinem System verankern. Das geht doch nicht so hopplahopp?«

»Nein, sicher nicht. Ich habe eine Psychotherapie gemacht, bin jede Woche zum Gespräch gegangen. Das hat mir sehr geholfen. Außerdem hat mir der Neurologe ein Antidepressivum verschrieben, das ich ein Jahr lang genommen habe. Ich hatte in der Tat ganz ordentlich mit dieser Krankheit zu tun. Sie hat mich aus meiner gewohnten Bahn herauskatapultiert. Was aber wohl auch gut war. Denn da lief es schon lange nicht mehr rund.«

Rainers totale Offenheit verblüfft mich. Fast habe ich erwartet, dass er sich mental schon mal aus unserem gemeinsamen Arrangement Wir-schauen-mal-ob-es-was-wird verabschiedet, wenn ich ihm von den düsteren Seiten meiner Persönlichkeit erzähle. Doch das Gegenteil ist der Fall. Es scheint ihn vielmehr noch stärker zu mir hinzuziehen. Er legt den Arm und mich und küsst mich. Und zum ersten Mal kann ich es wirklich genießen.

»Wollen wir etwas kochen?«, springe ich dann vergnügt auf.

Wir kochen gemeinsam Nudelauflauf mit Lauchgemüse. Er schnippelt das Gemüse, als wäre er hier zu Hause. Und ich lasse ihn gewähren, als wäre er hier zu Hause. Es ist lange her, seit ich zum letzten Mal mit einem Mann so selbstverständlich in der Küche gestanden habe. Wir zünden Kerzen an, trinken Sekt und unterhalten uns schließlich mit vollen Mündern. Nach dem Essen will Rainer das Geschirr spülen, während ich den Tisch abräume. Ich summe leise vor mich hin und habe das erste Mal seit langem wieder so etwas wie ein Glücksgefühl. Da unterbricht ein Schmerzensschrei die Pianoläufe meines Geistes. Ich renne in die Küche und sehe Rainer, wie er eine Tasse in der Hand hält, ihren Henkel in der anderen. Aus seinem Finger tropft Blut. Er steht da wie in Schockstarre.

»Was ist passiert?«, frage ich überflüssigerweise.

»Was hast du für seltsames Geschirr?«

Ich nehme seine Hand, führe ihn damit ins Bad und verarzte ihn. Doch dann lachen wir beide schon wieder.

»Also den Part habe ich jetzt wohl erfolgreich abgewendet, was?«

»Du meinst wohl, wenn du mit mir zusammen bist, musst du kein Geschirr spülen. Vergiss es! Das üben wir noch mal.«

Rainer schmollt nicht, belehrt mich nicht und macht mir nicht den Al Bundy. Es ist einfach nur lustig und schön mit ihm. So irgendwie leicht und zwanglos. Ich denke, das wird ein schöner Abend. Vielleicht auch mehr.

Marvin ist online. Wir skypen. Er ist unrasiert. Ich verkneife mir die Frage, wie es um seine Hygiene steht. Er scheint kein bisschen enttäuscht über die Nachricht zu sein, dass ich ihn nicht besuchen werde. Aber das nehme ich ihm nicht übel. Ich wäre wohl auch nicht begeistert gewesen, wenn mich meine Mutter auf meiner spektakulären Berlin-Fahrt begleitet hätte. Es gibt Zeiten für Jugendliche, die wie eine Initiation wirken. Marvin ist ans andere Ende der Welt geflogen, um sich von mir abzunabeln, um sich zu erproben und – um ein Mann zu werden. Dabei braucht er keine Mutter, die ihn besorgt ermahnt, doch bitte ja keine Löwen zu streicheln.

Seine Information ist kurz und knackig: »Es regnet.«

»Schon lange?«, frage ich.

»Der Regen ist überall. Wir waren den Tag über in einem Thermal-Spaßbad. Vorher haben wir noch einen All Blacks-Shop unsicher gemacht.«

»Wer oder was ist All Blacks?«

Marvin stöhnt. »All Blacks muss man kennen, wenn man Neuseeland kennen will. Das ist hier die Rugby-Mannschaft und das National-Team schlechthin.«

»Aha, verzeih mir meine Unkenntnis.«

»Rugby ist hier der Volkssport Nummer eins. Jeder ist All Blacks-Fan, und jeder schaut Rugby. Die spielerische Feindseligkeit gegenüber den Australiern sieht man hier sogar auf T-Shirts aufgedruckt: ›There is no crying in Rugby – unless you're Australian.‹«

Eine Freude beschleicht mich, langsam und von hinten. Mein Sohn kennt sich in Neuseeland bald besser aus als im heimischen Heidelberg.

»Und was habt ihr sonst noch so vor, außer in Spaßbädern die Zeit totzuschlagen?«

»Ja, wir wollen nach Taupo, zum Lake Taupo, vielmehr.«

»Aha.«

»Der See der Stadt ist ein Supervulkan, davon gibt es nur vier auf der ganzen Welt – ähnlich dem Yellowstone in Amerika. Taupo ist jedoch der Vulkan, dessen Ausbruchsrate am größten ist.«

»Das beunruhigt mich jetzt irgendwie.«

»Er soll aber, glaube ich, in den nächsten Tagen nicht ausbrechen. Also Mama, das passt schon ...«

Mein Sohn bleibt wie immer ziemlich locker.

»Taupo ist Teil des Pazifischen Feuerrings. Die Vulkane hier in der Gegend sind auch der eigentliche Grund, warum wir hier sind. Hier gibt es übrigens mehrere aktive Vulkane, und vor allem den Tongariro National Park, südlich von Taupo, mit dem dazugehörigen Tongariro-Crossing, eine der besten Tages-Wandertouren der Welt. Dauert so um die sechs Stunden und geht bis auf 1800 Meter hoch.

Den wollen wir die nächsten Tage auf jeden Fall machen. Wir wissen nur noch nicht, ob wir uns vielleicht sogar die große Tour zutrauen, das ist eine Drei- bis Vier-Tages-Tour, die durch den ganzen Tongariro National Park führt. Doch im Moment ist das Wetter noch, ja, beschissen. Es regnet, und der Wetterbericht sagt für die nächsten Tage nichts Besseres voraus. Bei Regen braucht man den Treck wohl auch gar nicht machen.«

»Ich wünsch dir auf jeden Fall, dass du dir alles ansehen kannst, was du magst. Pass auf dich auf, ja?«

»Klar, Mama.«

Am nächsten Morgen habe ich ein Foto von ihm in meinem Mail-Postfach. Er hat sich selbst, am Strand stehend, fotografiert. Ein Schriftzug hebt sich vom Sonnenuntergang ab: »Hallo Mama.« Mit einer LED-Taschenlampe und langer Kamera-Belichtungszeit hat er das hinbekommen. Sehr kreativ. Und da kommen mir schon wieder die Tränen.

Weihnachten feiern wir zu fünft. Marvin ist per Skype zugeschaltet. Benjamin, Jessica und ich machen uns über gefüllte Putenlende mit schwäbischen Spätzle her, zum Nachtisch winkt ein großer Pot Mousse au Chocolat. Es schneit schon den ganzen lieben Tag lang und der Weg zur Kirche hätte stimmungsvoller nicht sein können. Beim Vaterunser erfüllte mich ein Gefühl tiefen Friedens. Wann hatte ich denn zum letzten Mal eine Kirche betreten? Stimmt, es war im Sommer gewesen beim Konzert mit Clemens Bittlinger, einem liedermachenden Pfarrer. Oder einem christlichen Liedermacher? Was hatte er da gesungen? »Sei behütet auf deinen Wegen, sei behütet auch mitten in der Nacht. Durch Sonnentage, Stürme und durch Regen hält der Schöpfer über dir die Wacht.« Ah ja, hatte ich das nur vergessen? War es am Ende gar nicht so verkehrt, den Glauben an Gott ins Zentrum seines Lebens zu stellen? Und ja, ich war aus der Kirche ausgetreten, aber nicht nur aus steuerlichen Gründen, sondern weil ich genug von den Missbrauchsskandalen hatte. Trotzdem erfahre ich nun wieder ein Gefühl von Geborgenheit auf der Kirchenbank.

Marvin erlebt das Fest am Strand. »Weihnachten, Weihnachten ist heute ... Deswegen habe ich heute

Morgen erst mal die Sonnenbrille geputzt und eine kurze Hose angezogen. Wir feiern am Strand, mit Barbecue und deutschem Bier.«

Weihnachten am Strand!

Ich gerate ins Schwärmen. Doch der Brief von der deutschen Rentenversicherung liegt auf dem Tisch. Ich darf in den nächsten Tagen schon in den Schwarzwald fahren zur Rehabilitation. Acht Wochen lang. Marvin und ich werden dann wohl etwa zur gleichen Zeit wieder zu Hause sein. Jetzt ist erst mal Erholung angesagt. Doch nächste Weihnachten fliege ich vielleicht mit einer Schaufel bewaffnet nach Neuseeland und buddle mir eine Badewanne mit thermischem Wasser. Und gleich nach meiner Rehabilitation werde ich die Hawaiianische Massage lernen. Dies zumindest bin ich mir schuldig. »Sei willkommen und glücklich«: Das Motto der Hawaiianer soll zu meinem Lebensgefühl werden. Mein Herz wird weit. Ich hab's geschafft.

Marvin macht sich unterdessen auf den Weg zur Südinsel. Dafür lässt er sich noch etwa zwei Monate lang Zeit. Aus seinem »Work and Travel«-Trip ist reines Traveln geworden. Wenn ihm das Geld ausgeht, fährt er nach Hause. Recht hat er. Arbeiten kann er noch sein ganzes Leben lang. Er genießt die Zeit, das Land, sein Leben. Von meinen Kindern kann ich viel lernen.

Diese Depression kam genau zur rechten Zeit. Sie hat mich aus dem Verkehr gezogen. Mein Körper hatte sich also entschlossen, für eine Weile den Vorhang runter zu lassen, damit ich mir mal eine Auszeit gönne, damit ich umdenke, den Kopf mal in eine andere Richtung wende. Mein Gehirn hat gestreikt, damit ich der Stimme des Herzens lausche. Schon ganz clever, dieses biologische System. Meine innere Weisheit ist intelligenter als mein Verstand. Was nun die wahre Ursache war, werde ich wohl nicht genau herausfinden können, sicher häuften sich mehrere Faktoren zu einer nach innen implodierenden Mischung. In Zukunft werde ich Ärger und Frust gleich an Ort und Stelle dort abladen, wo sie entstehen, damit sie nicht in meinen Eingeweiden ihr Unwesen treiben können. Und ich werde meine Lebensenergie gut behüten. Ich denke nun positiv, will meinen Mitmenschen ein Segen und dabei reinen Gewissens sein, Seelenpflege betreiben, wo und wann immer es geht. Selbst wenn die Chirurgen diese Seele noch nicht gefunden haben, so existiert sie doch. Ich habe die Ärzte in mein Herz blicken lassen. Fürwahr. Von nun an lasse ich die Menschen, die ich liebe, ebenfalls in mein Herz. Und wenn sich mein Serotoninspiegel gefährlich neigt, dann nur noch, weil ich verliebt bin.

Während ich so meinen Gedanken nachhänge, gehe ich vor die Tür und öffne den Briefkasten. Eine Postkarte fällt heraus. Eine Walflosse ist darauf zu sehen: Der Meeressäuger stürzt sich gerade kopfüber in ein tiefes Dunkelblau. Ich erinnere mich an die dunkle Tinte, von der ich mich in meiner tristesten Phase umhüllt fühlte. Doch dieses Blau auf der Abbildung ist klar. Als ich die Karte wende, erkenne ich gleich an der Schrift, wer an mich gedacht hat: Simon. Er schickt mir Grüße aus - Neuseeland: »Es ist wie ein Neu-sehland: Ich beginne, die Welt mit anderen Augen zu sehen.« Er hat einen Job gefunden als Stelzenläufer und bespaßt damit die Touristen. Mit Schweden habe es nicht geklappt, schreibt er, die Beziehung sei gleich in den ersten Wochen wieder zerbrochen. Doch nun sei er froh, in einem solch phantastischen Erdteil angekommen zu sein. Und er schreibt mir noch etwas: Dass Neuseeland auch das Land mit der höchsten Selbstmordrate unter Jugendlichen in der westlichen Welt sei. Und dass auch er, als er früh sein Elternhaus im Bayrischen verlassen hatte, mit dem Gedanken spielte, seinem Leben ein Ende zu bereiten. Diese Krise habe er nun längst überwunden. Es gehe ihm gut, trotz Diabetes, er habe Spaß daran, das Leben nicht allzu ernst zu nehmen.

Das ist es: Einfach mal ein Narr sein und das Leben auf den Kopf stellen.

Er ist es, den ich in Neuseeland getroffen hätte, so, wie es die Wahrsagerin beim Weihnachtsmarkt bereits orakelte. Doch ich bin nicht geflogen. Denn ich habe immer eine Wahl. Und mein Neuseeland liegt im Herzen, von wo es jetzt weite Kreise zieht.